예수는 승리자시다

−악령과 맞서 투쟁했던 요한 블룸하르트 목사의 보고서−
[원제: 고트리빈 디투스의 질병과 치유 이야기]

일러두기

- 번역을 위해 사용한 저본은 다음과 같다: Johann Christoph Blumhardt, *Die Krankheitsgeschichte der Gottliebin Dittus* (Vandenhoeck & Ruprecht, 1978)

- 저자는 영적 존재를 가리키는 다양한 용어를 사용한다. 본문 안에서 Satan은 사탄, Teufel은 마귀, Dämon은 악령, Spuk는 유령, Geist는 영(혼령), Menschengeist는 (인간의) 영, Seele은 (인간의) 혼으로 번역했다.

- 본문에 달린 각주 가운데 '편주'는 편집부에서 작성한 것이고, '역주'는 역자가 작성한 것이다.

- 원서의 성경 인용은 루터성경을 따르나, 본서는 개역개정을 기준으로 삼았다. 다만 맥락에 따라 다소 수정을 가한 부분도 있다(예: 67쪽의 「마가복음」 9장 29절).

- 본서는 블룸하르트 목사가 직접 보고 들은 당시의 상황을 기록한 보고서다. 가령 1부 속 죽은 혼령에 관한 이야기는 고트리빈 디투스에게서 모습을 드러낸 유령이 스스로를 2년 전에 죽은 여인이라 주장했다고 소개하는 것일 뿐이다. 블룸하트르 목사가 고트리빈을 통해 전해 들은 영적 존재들의 발언은 그 주장 그대로 마냥 수용되어서는 안 되고 어디까지나 성경에 비추어 평가되어야 한다.

기독교 명작 베스트 05

예수는 승리자시다

요한 크리스토프 블룸하르트

신준호 옮김

DIE KRANKHEITSGESCHICHTE DER
GOTTLIEBIN DITTUS

선한청지기

추천사

어제나 오늘이나 동일하게
역사하시는 하나님

요한 크리스토프 프리드리히 블룸하르트Johann Christoph Friedrich Blumhardt, 1842-1919 목사는 독일의 유명한 신유 사역자다. 아들 크리스토프 프리드리히 블룸하르트 목사도 후계자로서 신유 사역에 헌신하였다.

신학교에서는 블룸하르트 부자父子를 20세기 독일 기독교의 신학적 토대를 닦은 이들로 소개하고 있지만, 이들은 무엇보다도 병을 고치고 귀신을 내쫓는 가운데 하나님 나라를 침노하는 데 일생을 바친 분들이다. 그 하나님 나라 사역이야말로 이후 신학자들에게 영감의 근원이 되었다.

아버지 블룸하르트가 독일 종교국에 제출한 축귀逐鬼 보고서는 영적으로 흥미롭고 중요한 문서다. 그의 축귀가 얼마나 성경적으로 튼튼한 기초를 갖추고 있는지도 잘 드러나 있는데, 그중 두 가지가 가장 눈에 들어온다.

첫째로, 블룸하르트는 말씀을 중시했다. 악령을 상대할 때 성경 말씀으로 대적하며 기도했다. 그가 겪은 신비 체험도 말씀과 궤를 함께했다. 가령 하늘로부터 「하박국」 2장 2-4절이나 「예레미야」 3장 25절 말씀이 들려온다. 그는 이 말씀들을 그냥 흘려보내지 않고, 계속 묵상하는 가운데 위로를 받았다. 그는 끝까지 말씀 위에 서서 투쟁하고 승리했다.

둘째로, 그는 기도를 강조했다. 먼저 말씀에 기초하여 끊임없는 기도를 드렸다. 악령이 이로 인해 모든 게 어그러졌다며 한탄할 정도다. 그는 정녕 포기하지 않는 기도의 사람이었다. 또 「마가복음」 9장 29절, "기도와 금식 외에 다른 것으로는 이런 종류가 나갈 수 없느니라"라는 말씀에 순종하여 금식했다. 이를 통해서 그는 하늘의 더 큰 능력으로 악한 영에 맞서 싸웠다. 그에게 금식은 말없이 드리는 기도였다.

국내 기독교 출판계는 이미 블룸하르트 부자의 책을 여러 권 소개할 만큼 그들에게 관심을 가지지만, 신기하게도 이 텍스트에만 무관심한 것 같다. 그의 사역과 가르침, 이후의 선한 영향력의 근간이 여기에 담겨 있는데도 말이다.

한국 교회가 귀신 쫓는 사역에 갖는 거리감을 반영한 것일지도 모르겠다. 한국 교회가 기도와 금식에 전념하던 당시에는 축귀가 교회의 한 사역으로 자리했었다. 지금은 외면하거나 혹은 두려워서 멀리하는 것같이 느껴진다.

C. S. 루이스가 지적한 교회의 마귀에 대한 두 가지 오류가 생각난다. 그는 마귀의 존재를 믿지 않거나, 혹은 마귀의 존재를 믿지만 불건전한 관심을 두는 것을 지적했다. 초자연

적인 것에 대해 눈이 닫힌 맹목이거나 초자연적인 것에 대한 지나친 공포라고 할 수 있다.

마귀는 실재하며 우리를 해하고자 한다. "근신하라 깨어라 너희 대적 마귀가 우는 사자같이 두루 다니며 삼킬 자를 찾나니"벧전 5:8 고트리빈 디투스의 빙의 체험을 다루는 이 보고서는 그 점을 잘 보여 준다. 마귀는 악한 존재다.

그러나 그것이 우리를 해할 수 없는 것은 하나님께서 우리에게 권세를 주셨기 때문이다. "믿는 자들에게는 이런 표적이 따르리니 곧 그들이 내 이름으로 귀신을 쫓아내며 새 방언을 말하며"마 16:17 이는 예수님이 승천하시기 직전에 주신 약속의 말씀이다.

필자는 오산리최자실기념기도원 원장으로 오랜 시간 섬기면서 주님의 말씀이 살아 있는 진리임을 수도 없이 보고 듣고 경험했다. 축귀는 하나님 나라가 실재하는 증거다. 귀신이 나가는 것은 곧 하나님 나라가 임하는 것이다.

우리 예수님은 40일 금식기도 후에 마귀를 물리치고 공생애에 임하셨다. 주님의 사역은 한 면으로 전도하고 가르치시고, 다른 한 면으로 치유하며 귀신을 쫓아내는 것이었다. "예수께서 꾸짖어 이르시되 잠잠하고 그 사람에게서 나오라 하시니 귀신이 그 사람을 무리 중에 넘어뜨리고 나오되 그 사람은 상하지 아니한지라"눅 4:35

자유주의 신학이 횡행하던 19세기 독일 교회 안에서도 하나님은 블룸하르트를 통해서 역사하셨다. 자유주의 신학자들과 정치적인 목사들이 불신하며 핍박할 때 성도들은 그에게 와서 하나님의 능력을 만났다. 신학이 제아무리 사변의 탑을 쌓아 올려도 성도들의 삶에서 질병과 귀신을 치워 버릴 수 없기 때문이다.

	일제의 압제와 6.25 전쟁으로 아파하던 한반도에서도 하나님은 놀랍게 역사하셨다. 성도들에게서 귀신이 나가고 질병이 치료되었다. 어려웠던 시기에 이러한 크신 능력의 역사로 말미암아 교회가 힘을 얻었다.

	19세기 독일에서 역사하신 하나님은 지금 21세기 한국에서도 동일하게 역사하신다. 예수 그리스도의 은혜로 말미암아 하나님을 믿는 자마다 똑같은 역사를 경험할 수 있다. 『예수는 승리자시다』의 생생한 기록을 읽어 보면, 이를 확신하시게 될 것이다.

	믿음을 찾기 어려운 시대가 되었다. 『예수는 승리자시다』는 우리의 영적인 눈을 열어 줄 뿐 아니라 우리의 믿음을 북돋아 줄 귀한 책이다. 사랑하는 한국 교회의 모든 성도님에게 추천해 드리고 싶다.

- 김원철 목사(오산리최자실기념기도원 원장)

차례

추천사 _4

머리말 _10

서론 인적 사항과 사건 배경들 _15

제1부 쿵쾅대는 소음 소동과 죽은 혼령의 출현 _19

제2부 빙의에 맞서는 믿음의 항거 _35

제3부 가슴 부위의 출혈과 자살 시도들 _51

제4부 블룸하르트의 성찰과 숙고 _65

Die Krankheitsgeschichte der Gottliebin Dittus

| 제5부 | 원격 투시 | _87 |

| 제6부 | 마법 사건들과 이에 대한 블룸하르트의 설명 | _93 |

| 제7부 | 고트리빈의 유년기 체험과 질병의 시초 | _117 |

| 결론 | 악령들에 대한 최종 승리와 고트리빈의 완전한 회복 | _139 |

후기 _148

역자 해제 _151

부록 _187

머리말

블룸하르트 목사의 당부

아래 글은 1844년 8월 독일 뷔르템베르크주州 개신교 총회 왕정 최고기관의 지시 공문에 따라 작성된 것이며, '봉인된 비공개 보고서'로 제출됐다. 그런데 이 글은 서명 당사자인 나조차 알지 못하는 중에 유사 사본이 만들어져 세간에 유포되었다. 6년이 지난 지금, 그런 거짓 사본들을 추방하기 위해 이 글의 많은 단락을 개정해 다시 인쇄하였다. 지금도 여전히 서명자 본인은 이 글이 공개적으로 알려지는 것을 원하지 않는다. 이 글을 읽는 분들에게 신중한 숙고 끝에 내려진 나의 결정을 깊이 존중해 달라고 정중히 부탁하는 바이다.*

---

* 블룸하르트 목사의 이러한 부탁에도 불구하고 이 보고서를 번역해 출간하는 이유가 있다. 지금은 이때로부터 거의 200년이 지나 시대적인 상황이 크게 변했으며, 한국의 개신교인들에게 이 보고서가 여러 새로운 신학적 영적 깨달음을 줄 수 있다고 생각하기 때문이다. - 역주

블룸하르트 목사의 서언

발신: 요한 크리스토프 블룸하르트
수신: 뷔르템베르크 개신교 총회 왕정 최고기관

존경하는 개신교 총회 왕정 최고위원회에 아래 글을 제출하면서, 저는 여태껏 제가 경험한 일에 대해 어느 누구에게도 이토록 대담하고 솔직하게 밝힌 적이 없다는 사실을 덧붙이고 싶습니다. 지금 제 친한 친구들조차도 이 일에 대해 다양한 색안경을 끼고 바라보며 자신들과 관련된 부분은 절대 언급하지 말라면서 저를 힘든 처지로 내몰고 있습니다. 제가 투쟁하는 동안 그들이 두려움에 떨면서도 끝까지 저를 걱정해 준 것에 진심으로 감사한다는 정도만을 말하려 했는데, 그들은 이마저도 신변에 어떤 위험이 닥칠까 두려워하는 듯이 보입니다. 만약 이 사건들의 대부분이 지금까지 철저히 감춰지고 비밀에 부쳐졌다면, 그래서 제가 이 비밀을 밖으로 드러내지 않고 홀로 가슴에 묻은 채 무덤까지 가져가려 했다면, 저는 이 보고서에 어떤 것은 쓰고 어떤 것은 감추는 식으로 내용을 자유롭게 취사선택했을 것입니다. 그리고 어느 누구도 이 글에서 공격할 빌미를 찾지 못할 방식으로 이야기를 각색해 서술하는 것도 제게는 무척 쉬운 일이었을 것입니다. 그러나 저는 그럴 수 없었습니다. 오히려 거의 매 단락마다 모든 일을 이처럼 벌거벗긴 그대로 공개하는 것이 혹시 경솔하고 부주의한 실수가 되지 않을까 염려했습니다. 그러나 저의 내면은 그때마다 계속 반복해서 '모든 것을 다 말하라!'라고 소리쳤습니다.

그래서 저는 이 모든 일을 담대하게, 더 나아가 승리자이신 예수님의 이름으로 말하려고 합니다. 지금 여기에 진심을 담아 솔직하게 진술해야 한다고 생각합니다. 이것은 이 이야기를 공개할 수 있는 권한을 위임받으신 존경하는 총회 최고위원들께 대한 의무일 뿐만 아니라, 나의 주님이신 예수님께 대한 의무이기 때문입니다. 저의 모든 투쟁은 오직 그분 자신의 역사입니다. 여기서 처음으로 주저하지 않고 숨김없이 모든 일을 말하면서, 한 가지 바라는 것이 있습니다. 이 보고서는 절친한 두 사람이 무릎을 맞대고 소곤대며 가만히 자기 비밀을 털어놓는 것처럼 사적이고 가벼운 사연 전달이 아닙니다. 이 보고서를 반드시 그 이상으로 심각하게 여기시기를 부탁드립니다. 저는 이 글에 대한 사본을 따로 만들지 않았습니다. 당분간은 친한 친구에게조차도 이 글을 들려주거나 보여 줄 생각이 없습니다. 이 글이 일반인의 손에 넘어가 공개되지 않도록 주의해 달라는 저의 요청을 꼭 고려해 주시기 바랍니다. 사실 저는 단 두 차례 비교적 상세한 내용을— 그러나 두루뭉술한 윤곽만을 —친절하다고 여겼던 동료들 앞에서 이야기한 적이 있습니다. 한 번은 칼브Calw에서, 다른 한 번은 바이힝엔Vaihingen에서였는데, 두 번째 장소에서는 이 일로 아주 곤욕을 치렀습니다. 그럼에도 제가 당당하게 빛 가운데 나오기를 두려워하지 않는다는 사실은 이 글 자체가 증명해 줄 것입니다.

이 글을 읽는 최고위원들께 드리는 두 번째 부탁이 있습니다. 여러분이 이 글에 대해 개별적인 판단을 내리기 전에, 부디 내용 전체를 여러 번 읽어 주십시오. 어쨌든 저는 사람의 마음을 다스리는 권세를 지니신 주님을 신뢰하고 있습니다. 아무것도 감추지 않고 오직 진실만을 말했으며, 더욱이 저는 확고한 양심 위에 서 있다고 확신합니다. 그렇기 때문에 읽는 분들께서 어떤 판단을 내리시든지 저는 마음의 평화를 누리고 있습니다. "예수는 승리자시다!"

서론

인적 사항과 사건 배경들

그녀의 이름은 고트리빈 디투스Gottliebin Dittus*이고, 28세에 미혼이며, 재산이 없었다. 또한 지난 4년 동안 역시 미혼인 세 명의 형제자매들과 함께 뫼틀링엔Möttlingen 마을의 작은 주택 1층에서 살았다. 형제자매들- 안나 마리아 디투스, 카타리나 디투스, 요한 게오르그[한스외리히] 디투스 -은 모두 그녀보다 나이가 많았고, 오빠인 게오르그는 시각장애 2급인 장애인이었다. 그녀는 학교에 꾸준히 다니지 못했지만, 타고난 재능과 기독교인 부모의 성실한 교육 덕분에 풍부한 상식을 지니고 있었다. 나의 전임자는 크리스티안 바르트 목사(그는 박사학위를 받았고 지금은 칼브에 거주하고 있다)였는데, 고트리빈은 기회가 있을 때마다 그에게 배운 가르침에 감사하며 그 기억을 되살리곤 했다. 그의 가르침을 통해 그녀는 훌륭한 기독교적 소양을 마음속 깊이 지니게 된 것으로 보인다. 고등학교 졸업 후, 처음에는 그녀도 세속의 유혹으로 기우는 듯했으나 그럼에도 계속해서 흠잡을 데 없다는 좋은 평판을 받았다. 당시 그녀는 여러 직장에서 근무했다. 그때 일했던 곳들, 예를 들어 그녀가 8년이나 일했던 바일 데어 슈타트Weil der Stadt 같은 봉사 기관은 아직도 그녀를 뚜렷이 기억하고 있다. 모두가 인정하는 그녀의 성

---

* 고트리빈이라는 이름은 '하나님께서 사랑하시는 여인'이라는 의미에 가깝다. 이 이름을 읽을 때마다 「아가서」의 '어여쁜 자'라는 우리말 어감을 떠올린다면 이 이야기를 읽는 데 도움이 될 것이다. - 역주

실한 태도 덕분이었다. 나는 1838년 7월에 이곳으로 부임했는데, 그 직전인 1836-1838년 사이에 그녀는 매우 특이한 질병인 신장병을 앓았다. 그러나 병을 이겨 낸 경험과 바르트 목사 및 슈토츠Stotz 주교, 다른 많은 유명한 의사들이 당시 그녀에게 쏟아부은 헌신적인 노력 덕분에 그녀는 진지하고 굳건한 기독교 신앙과 분별력을 유지할 수 있었다. 그 후로도 그녀는 이곳 뫼틀링엔에 계속 거주하면서 언니 오빠들과 함께 조용히 숨어 지내듯 살아왔지만, 뛰어난 기독교 지식으로 이웃들에게서 많은 존경과 사랑을 받았다. 하지만 병을 앓고 난 뒤로 그녀의 신체는 많이 허약해졌다. 병증은 주로 하복부에 나타났다. 의사가 제공한 도구 없이는 소변을 볼 수가 없었고, 그 밖에도 병의 후유증으로 한쪽 다리가 짧아지고 한쪽 어깨가 올라갔으며 위장병까지 얻게 되었다.

제1부

쿵쾅대는 소음 소동과
죽은 혼령의 출현

고트리빈은 1840년 2월에 앞서 말한 주택의 1층으로 이사했다. 나중에 그녀가 내게 말해 준 바에 따르면, 그녀는 이 집에 처음 발을 들여놓았을 때부터 이미 무언가 이상한 힘이 자신에게 미치고 있다는 느낌을 받았다. 그 느낌은 점차 강해지고 뚜렷해졌으며, 집 안에서 섬뜩한 현상을 여러 번 보고 듣기에 이르렀다. 그녀의 언니들과 오빠도 이 현상을 함께 경험했다. 이사 온 바로 첫날, 고트리빈이 식탁에서 "오소서, 주 예수님!"이라는 찬송을 부를 때, 그녀는 곧 발작을 일으키며 의식을 잃고 바닥에 쓰러졌다. 그날부로 그들은 요란하게 삐걱거리는 소리와 발을 질질 끄는 듯한 소리를 들었다. 이 일은 자주 반복되었고 때로는 밤새 지속되었다. 이 소음은 주로 작은 침실과 거실, 부엌에서 들려오며 이 가련한 형제자매들을 두려움에 떨게 만들었다. 같은 건물 위층(2층 및 3층과 지붕 아래 다락방까지)에 사는 사람들도 그 소리를 듣고 불안해했지만, 그들 모두 두려워서 남들에게 말하지도 못했다. 특히 고트리빈은 다른 이상한 일도 몇 가지 경험했다. 밤중에 그녀의 두 손이 강제로 포개지기도 하고 어떤 어스름한 형체나 불빛, 또는 이와 비슷한 것이 보이기도 했다. 그렇다. 그녀의 설명에 따르면 나중에 그녀가 겪게 될 모든 빙의憑依(Besitzungen) 현상은 이미 그 시기에 시작되었다. 그 후 그녀는 뭐라 설명할 수 없지만 다른 사람을 매우 불쾌하게 만드는 행동을 보였다. 태도 역시 여러모로 역겨움을 유발하고, 반항적이었으나 사람들은 그저 그러려니 했다. 가난한 고아 가족에게 무슨 일이 일어나는지 염려하며 자세히 물어볼 사람은 없었기 때문이다. 그래서 고트리빈이 겪었던 이상하고 특별한 경험들은 깊은 침묵 속에 묻혀 갔다.

1841년 가을에 이르자 고트리빈이 한밤중에 겪는 시련과 괴로움은 최고조에 달했다. 그리고 그즈음 어느 날, 그녀는 목사관에 있는 나를 찾아왔다. 하지만 자신이 겪는 시련에 대해 워낙 두루뭉술하고 개략적으로 말했기 때문에 나는 그녀의 실제 사정을 제대로 이해할 수 없었고, 그녀에게 무언가 도움이 될 조언도 해 줄 수 없었다. 그러던 중 그녀는 지금까지 겪은 일들 가운데 몇 가지를 구체적으로 고백하면서 그 고백을 통해 앞서 말한 고통들로부터 해방되고 싶다고 말했다. 그해(1841년)부터 1842년 2월까지 그녀는 안면단독顔面丹毒*으로 고생했는데, 이것은 매우 위험한 질병이었다. 하지만 나는 그녀가 그런 병을 앓고 있음에도 그녀를 자주 방문하려고 하지 않았다. 그녀가 나를 몹시 불쾌하게 만드는 태도로 일관했기 때문이었다. 우선 나를 보면 고개를 돌려 외면한 채 다른 곳을 쳐다보았고, 건네는 인사말에도 대답하지 않기 일쑤였다. 내가 기도할 때면 짐짓 모았던 두 손을 펴서 따로 두고는 내 말에 전혀 귀를 기울

---

* 얼굴에 염증이 생겨 벌겋게 부어오르며 피부가 단단해지는 병이다. - 역주

이지 않았다. 내 눈에 그녀는 거의 실성한 사람처럼 보였다. 그러나 다른 사람들은 내가 방문할 때만 그녀가 그렇게 행동하고, 방문 전후로는 전혀 그러지 않는다고 말해 주었다. 당시에 나는 그녀가 완고하고 독선적이며 영적으로 교만하니— 다른 사람들도 그렇게 여기기 시작했다 —그녀 곁에서 그런 난처하고 당혹스러운 상황에 처하기보다, 차라리 그녀에게서 멀리 떨어져 있는 편이 낫다고 생각했다. 그러는 동안 그녀는 성실하게 병원 치료를 받았고 마침내 건강을 회복했다.

1842년 4월, 내게 조언을 구하러 온 이웃집 두 사람에게서 나는 처음으로 그 집에 출몰하는 유령(Spuk)에 관해 어느 정도 상세한 내용을 듣게 되었다. 유령이 집 안 곳곳에서 쿵쾅거리고 삐걱대는 소리를 내는 통에 이웃 사람들 모두가 그 사실을 알게 되었고, 이제 더는 침묵할 수 없는 지경에 이른 것이다. 당시 고트리빈은 이 마을에 살다가 2년 전에 죽은 한 여인이 마찬가지로 죽은 아이를 품에 안고 나타나는 형체를 특히 자주 보았다. 나중에 들은 고트리빈의 설명에 따르면, 그 죽은 여인은 언제나 고트리빈이 누운 침대 앞 특정한 장소에 서 있다가 고트리빈이 있는 쪽으로 다가오면서 다음과 같은 말을 반복해서 중얼거렸다(고트리빈은 처음에 그 여인의 이름에 대해서는 조심스럽게 침묵했고 나중에 내게만 말해 주었다). "난 좀 쉬고 싶어"

또는 "종이 한 장만 주렴. 그럼 다시 돌아오지 않을게."

이 이야기를 마친 다음, 고트리빈은 그 형체에게 보다 더 상세한 내용을 물어봐도 되냐고 내게 질문했다. 나는 그런 상황에서 누구든 자신이 얼마나 큰 망상과 미혹에 빠져 있는지 스스로는 도무지 알 수 없기 때문에, 그 형체와 어떤 대화도 나눠서는 안 된다고 충고했다. 어쨌든 확실한 것은 사람이 영의 세계(靈界, Geisterwelt)에 관여하면 보통 경악하며 혼미한 상태가 되거나 정신이 마비되어 어리석은 판단에 빠질 수 있다는 사실이다. 나는 고트리빈에게 믿음을 가지고 진지하게 기도하면 그런 현상은 서서히 자연스럽게 멈출 것이라고 말해 주었다.

나는 고트리빈이 이 일에서 가능한 한 정서적으로 멀어지도록 그녀의 동성 친구에게 고트리빈의 집으로 가서 저녁 동안 함께 머물러 달라고 부탁했다(고트리빈의 두 언니 가운데 한 명은 그때 외국에서 일하는 중이었고 오빠도 집에 머무는 날이 드물었다. 다른 언니 혼자서는 이 일을 감당하기 버거워 보였다). 용감하게도 그 친구는 그리하겠다고 결정했다. 그러나 그날 밤, 그 친구 역시 쿵쾅거리고 삐걱대는 소리를 들었다. 두 사람이 함께 희미한 불빛 아래 집 안을 더듬으며 소리를 따라간 끝에,

그들은 침실 문의 상인방上引枋*에 붙은 널빤지 아래에서 불에 그을린 종이 반 장을 발견할 수 있었다. 그 종이에는 뭔가 적혀 있었지만, 매끄럽게 덮인 그을음 때문에 읽을 수 없었다. 그 밖에도 두 사람은 크로네탈러Kronenthaler** 세 닢과 젝스배츠너 Sechsbätzner*** 몇 닢도 함께 발견했다. 동전들은 각각 조심스럽게 종이에 싸여 있었고, 종이 안쪽은 그을음으로 덮여 있었다. 바깥쪽에 적힌 문구는 무슨 처방전 같았는데, 아마도 어떤 은밀한 비방秘方을 지시하는 것처럼 보였다.

그날 이후 약 14일 동안은 잠잠하다 다시 밤중에 쿵쾅거리고 삐걱대는 소리가 시작되었다. 이번에는 거실 난로 뒤편 바닥에서 깜박거리는 불빛도 목격되었다. 날이 밝아 우리가 그곳을 파 보니, 오랫동안 묻혀 있던 온갖 물건들이 드러났다(거실 바닥은 곧바로 흙과 맞닿아 있었다). 우선 상자 하나가 그곳에서 발견되었는데 작은 곤봉, 분필, 소금, 뼈 등이 담겨 있었다. 또 작은 사각형 종잇조각, 가루약, 다른 종이들이 그 안에 있었다. 이 종이는 5페니 동전Sechser을 세 닢에서 네 닢씩 감싸고 있었는데, 모든 묶음이 그을린 상태로 흉하게 찌그러져 있었다. 가

---

* 창이나 문을 낼 때 세워지는 기둥들의 상단을 가로지르는 나무다. 창이나 문틀 윗부분 벽의 하중을 받치는 역할을 한다. - 역주

** 1766년에 오스트리아령 네덜란드(오늘날 벨기에에 해당)에서 발행해 유통되었던 은화다. - 역주

*** 17세기 오스트리아와 독일 남부에서 주조된 동전이다. - 역주

루약처럼 검사가 가능한 것은 나중에 칼브 마을의 국립병원 공의公醫와 약사에게 보내 화학 검사를 요청했다. 그러나 그들 역시 특이한 점을 발견하지 못했다. 그 후에 나는 돈을 제외한 나머지 물품을 전부 불태웠다. 그렇게 이 이상한 사건은 이제 막을 내릴 것이라 생각했다. 그러나 현실은 그렇지 않았다.

며칠이 지나자 소음이 너무 심해져 모든 사람들이 신경을 곤두세우게 되었다. 시끄러운 소리는 한밤중만이 아니라 밝은 대낮에도 들렸고, 방에 아무도 없을 때도 요란하게 들려왔다. 지나가던 사람들이 그 소리를 듣고 놀라 두려움에 사로잡히는 지경에 이르렀다. 그러나 대부분의 소동은 고트리빈이 집 안에 있을 때 그녀의 앞이나 뒤에서 벌어졌다. 한번은 그녀가 식탁에 앉아 있었는데, 다른 사람이 그 자리에 함께 있어 지켜보는 가운데 식탁 테이블이 옆으로 격렬하게 내던지듯 쓰러진 적도 있었다. 의사이자 박사이며 메르클링엔Merklingen 마을에 사는 슈패트Späth 씨는 호기심에 찬 몇 사람과 함께 두 번이나 그 집의 작은 거실에 머물며 밤을 지새웠다. 그는 고트리빈의 치료 과정에 꾸준히 참여했고, 지금까지도 그녀가 신뢰하며 많은 것을 털어놓는 유일한 사람이다. 그런데 그날 밤 그가 경험한 일은 그의 예상을 훌쩍 뛰어넘었다. 이제 이 사건에 대한 소문은 마을 안에만 머물지 않고, 주변 지역 전체에 퍼져서 부근을 지나가던 이들이 호기심에 이곳을 방문할 정도가 되었다. 이런 평판이 크게 번지는 것이 두려웠던 나는 결국 이렇게 결정했다. 카펫 제작업자이자 이해심이 많고 냉철하며 하나님을 경외하는 남성으로서 마을 이장직을 맡고 있는 크라우스하르Kraushaar와 서너 명의 마을공동체위원 등 모두 합쳐 6-8명이 비밀리에 약속을 하고 밤에 그 집을 조사해 보기로 한 것이다.

밤 10시경, 우리는 두 그룹으로 나눠 예고 없이 고트리빈의 집 근처로 향했다. 젊지만 일찍 결혼한 남성 모세 슈탕어Mose Stanger는 우리보다 앞서 그리로 갔다. 슈탕어는 고트리빈의 친척이고 기독교 지식이 특출하며 다른 일에서도 좋은 평판을 얻고 있었다. 그는 이후로도 나를 계속 도와준 매우 신실한 버팀목이었다. 내가 거실 방에 들어서는 순간, 곧바로 강하게 타격하는 소리가 두 번 침실로부터 들려왔다. 그리고 이내 다양한 종류의 울림, 두들김, 노크 소리가 연이어 발생했다. 소음은 대부분 침실에서 흘러나왔는데, 침실에는 고트리빈이 옷을 입은 채 누워 있었다. 밖에 머물거나 위층에 있었던 다른 감시자들도 그 모든 소리를 들을 수 있었다. 잠시 후 우리는 1층으로 모였다. 지금까지 들린 소리가 전부 1층에서 울렸다고 확신했기 때문이었다. 나는 신령한 메시지가 담긴 찬송가를 부르자고 제안했다. 그리고 성경 몇 구절로 기도하자 이 알 수 없는 소동이 더욱더 요란해지는 것 같았다. 3시간 동안 침실의 특정 장소에서 거의 25번가량 거센 타격 소리가 울렸다. 그 소리가 어찌나 컸는지 의자가 튀어 오르고 창문이 덜컹거리며 천장이 찢어져 모래가 쏟아질 정도였다. 조금 먼 곳에 살던 마을 사람들은 송구영신 축제 때 쏘는 축포가 생각났다고 말하기도 했다. 그 밖에도 약하거나 강한 소리들이 들렸는데, 마치 누군가 손가락으로 장난을 치는 것 같기도 하고 규칙적으로 여기저기를 노크하는 것 같기도 했다. 주로 침대 서랍 아래서 소리가 들리는 것 같기에 우리는 그곳을 손으로 더듬어 찾아보았지만 아무것도 알아챌 수 없었다. 계속해서 빛을 비추며 그 부근을 더듬고, 아예 불을 끈 채로 어둠 속에서도 똑같이 해 봤지만 차이는 없었다. 그러나 우리 모두가 거실로 나왔을 때, 그날 밤 들은 중에 가장 큰 소리가 침실에서 들려왔다. 우리 중 한 명이 물체가 쿵 하고 떨어지는 듯 강한 타격이 발생한 지점이라며 문짝 아래의 한군데를 명확하게 가리켰다. 우리는 온 힘을 기울여 모든 것을 면밀히 조사했지만, 어떠한 방법으로도 단 한 가지 단서조차 찾지 못했다.

마침내 자정이 지나 새벽 1시가 되었다. 다시금 모두가 거실에 모였을 무렵, 고트리빈이 침실에서 나를 불렀다. 그러고는 어떤 형체를 보게 될 경우 그것에게 누구냐고 물어봐도 되는지 내게 조언을 구했다. 그녀는 이미 그때 누군가 발을 질질 끄는 소리를 듣고 있었던 것이다. 나는 딱 잘라 안 된다고 말했다.

늦게까지 이어진 조사 활동으로 나는 많이 지쳐 있었고, 더구나 그런 설명할 수 없는 형체가 실제로 나타나 사람들이 보게 되는 일이 벌어지지 않기를 원했다. 나는 그녀에게 일어나라고 말한 뒤, 모든 조사를 멈추고 주변에 고트리빈이 묵을 만한 숙소가 있는지 재빨리 알아보았다. 그날 밤 우리는 그렇게 헤어져 그곳을 떠났다. 그러나 2급 시각장애인인 고트리빈의 오빠는 우리가 떠난 후에도 거기 머물러 있었는데, 그날 밤 많은 것을 듣고 '보았다'고 말했다. 가장 이상한 점은 유독 그날 밤에 불안감이 치솟았다는 사실이었다.

다음 날은 금요일로, 오전 예배를 드리는 날이었다. 고트리빈도 예배에 참석했다. 예배를 마친 후 30분쯤 지났을 때, 고트리빈의 집 앞에 엄청나게 많은 사람이 몰려들었다. 한 사람이 내게 고트리빈이 혼절해 쓰러졌는데 거의 죽은 것처럼 보인다고 전했다. 나는 서둘러 그 집으로 달려가 몸이 굳은 채로 침대에 누워 있는 고트리빈을 발견했다. 그녀의 머리 표면 전체와 팔의 피부는 불붙은 듯 뜨거웠고, 심한 경련을 일으키고 있었다. 그녀는 겉으로 보기에도 질식한 것 같았다. 곧 거실은 사람들로 가득 찼다. 마침 이곳 뫼틀링엔에 와 있던 이웃 마을 의사가 급히 방문해 고트리빈을 살리고자 몇 가지 응급처치를 했지만, 얼마 안 가 머리를 가로저으며 떠났다. 그러나 30분이 지나자 고트리빈은 서서히 깨어났다. 나는 정신을 되찾은 그녀가 조용히 이야기해 주는 것을 들었다. 예배를 마치고 교회에서 돌아온 고트리빈은 죽은 아이를 안고 있는 여인의 형체를 또 한 번 침실에서 보았고, 그 순간 정신을 잃고 쓰러졌다고 말했다.

전날 저녁에 이어 다시 모인 우리는 새벽에 커다란 타격음이 났던 곳을 파 보기로 했다. 바닥에 깔린 널빤지가 고정되지 않은 채로 느슨하게 땅 위에 덮여 있었는데, 굴토 작업은 내가 직접 지켜보는 가운데 믿을 수 있는 사람들이 행하였다. 모세 슈탕어가 사람들이 가장 많이 지적하는 곳을 손으로 파헤쳤을 때, 모두가 거기서 불꽃이 튀어 오르는 것을 목격했다. 모세는 순간적으로 뒤로 몸을 움츠렸다. 자세히 살펴보니 거기에는 앞서 발견한 것과 비슷한 두세 장의 종이쪽지와 가루 봉지, 동전 묶음이 있었다. 마지막으로 작은 항아리가 보였으며, 항아리 속 밑부분은 다른 덮개로 덮여 있었고 그 아래서 흙으로 범벅이 된 작은 뼈들이 발견되었다.

죽은 아이를 안고 있는 그 형체에 관해서는 이미 마을에 소문이 파다했다. 그 여인이 영아 살해자였고, 그녀가 죽인 아이의 뼈는 그 집 바닥의 흙속에서 찾을 수 있다는 내용이었다. 무덤을 파고 매장하는 일을 업으로 하는 사람이 그 자리에 함께 있었는데, 살이 아직 붙어 있는 것처럼 보이는 그 뼈들이 정말로 영아의 뼈로 보인다고 주장했다. 다른 불쾌한 일들이 일어나는 것을 막기 위해 나는 발견된 것들을 모두 모아 즉시 포장했고, 그것을 들고 이장과 함께 칼브 마을에 있는 국립병원 의사인 카이저Kaiser 박사에게로 갔다. 거기서 우리는 지금까지 일어난 모든 일에 대해 설명했다. 박사는 그 뼈를 유심히 살펴본 후 그것이 새의 다리뼈라고 말했다.

지금까지 발견된 모든 물건들로 미루어 판단했을 때, 과거 어느 시점에 이곳에서 어떤 흑마술黑魔術*이 시도되었던 것이 틀림없다는 결론이 나왔다. 그것은 아마도 죽은 자들에게 마법을 걸어 불안하고 쫓기는 혼령의 상태로 얽매이게 만드는 비술일 것이다. 내가 알게 된 바로는 새, 특히 까마귀가 민간에 퍼진 미신에 따라 은밀한 마법을 부리는 일에 자주 사용되고 있었기 때문이다.

이제 나의 과제는 이 요란한 소동을 제압하여 영원히 잠재우는 것이 되었다. 우선 나는 고트리빈에게 숙소를 마련해 주었다. 그녀는 먼저 숙모 집에, 그다음에는 손위 사촌의 집에 머물렀다. 그 사촌은 마을 청년 모세 슈탕어의 아버지이자 마을 의회 의원인 요한 게오르그 슈탕어Johann Georg Stanger였다. 슈탕어 씨는 대가족의 가장이었고(당시 그에게는 네 명의 장성한 딸

---

*   악령을 소환하거나 남을 저주하는 따위의 비윤리적인 주술 행위를 뜻한다. - 역주

과 두 아들이 있었다), 또한 고트리빈이 세례를 받을 때 대부代父 역할을 맡기도 했다. 그의 가족은 전부 신실한 기독교인으로서 고트리빈이 겪는 일에 연민을 품고 있었고, 무엇보다 고맙게도 이 일에 대한 비밀을 매우 엄격히 지켜 주었다. 이에 더해 나는 고트리빈에게 당분간 원래 살던 집에 최대한 발을 들여놓지 말라고 강하게 요구했고, 그녀는 외부에 숙소를 정한 뒤로 다음 해 여름이 될 때까지 그 집에 들어가지 않았다. 일을 이렇게 처리하고 나니 별다른 특별한 사건이 더 이상 일어나지 않았다. 그렇지만 사태가 어찌 되어 가는지 알아보기 위해, 이장과 눈치 빠른 몇 명을 대동해 아무도 모르게 서너 차례 고트리빈을 심방하려는 계획을 세웠다. 나는 특히 그녀의 몽유병(Somnambulismus) 현상이 두려웠다. 그것은 매번 불쾌한 소동만 일으키고 지금껏 좋은 결과라고는 한 번도 없던 질병 증세였다. 그와 관련된 사건에서는 흔히 위험하고 비밀스러운 영역이 열리기 때문에 나는 홀로 고독하게 기도하며 이 문제를 주님께 맡길 수밖에 없었다. 이런 소동을 다루다가 시험에 들어 휩쓸리게 만드는 모든 어리석음과 혼동으로부터 나와 다른 사람들을 지켜 주시기를 그분께 간절히 기도할 따름이었다.

이 사건이 점점 더 심각한 문제로 발전해 가던 시점부터 나는 이장과 모세와 함께 내 방에서 특별기도 모임과 대책 회의를 여러 번 가졌다. 지금의 나는 이 기도 모임 덕분에 당시 모두가 건강한 정신 상태를 유지할 수 있었고, 이것이 우리를 평화로운 결말로 이끌었다고 감히 말할 수 있다. 그럭저럭 인근에서 비명 소리가 사라진 지 몇 주가 지났다. 그러자 많은 사람이 그 집을 구경하겠다고 찾아왔다. 어떤 사람들은 소문으로 떠도는 사건의 진실을 확인하겠다며 그 집에서 하룻밤을 보내려고도 했다. 그러나 나는 그 집의 문을 굳게 닫아 걸어 두도록 했다. 마을의 경비대장이 그곳의 바로 맞은편에 살았기 때문에 이는 쉬운 일이었다. 한번은 이웃 동네 바덴Baden의 가톨릭 성직자 세 명이 밤에 두세 시간 정도 그 집에서 머물 수 있겠냐고 물어왔지만, 나는 단호히 거절했다. 그 결과 점차 이 사건은 사람들 사이에서 잠잠해졌다. 그리고 이후에 일어난 모든 일에 대해서는 마을 사람들 대부분이 알지 못했다. 물론 아직 완전히 정상으로 돌아온 것이 아니라는 사실을 알아챈 사람들도 여기저기 있었지만 소수에 그쳤다.

마을 사람들은 여전히 이 소동을 두려워하고 있었기 때문에 두세 그룹이 그 집 앞에서 잠복하며 동태를 살펴보기도 했다. 그들에게마저 이 일을 숨겨야 한다는 것이 무척 안타까웠다. 하지만 대체로 그들은 지금까지도 그때 있었던 일들의 정확한 진상이나 관련 사건에 대해서 알지 못한다. 그 집에서 쿵쾅거리고 삐걱대는 소리가 울려 퍼지는 일은 올해(1844년) 초가 되어서야 완전히 멈추었는데, 그동안 그 소리는 우리 교회가 매월 진행하는 회개와 기도의 날(BuB – und Bettag)에 특히 심했다. 계속 다른 형체들이 출현해 목격되었고 벽에 붙어 살금살금 기어가는 불빛을 보았다는 사람도 있었지만, 나 자신은 무언가를 직접 본 적이 없기에 그 문제는 미결로 남겨두고자 한다.

제2부

빙의에 맞서는 믿음의 항거

앞에서 말한 몇몇 사람들과의 은밀한 조사 계획은 1842년 6월 3일에 실행되었다. 내게 곧바로 소식 하나가 들려왔다. 고트리빈이 옮겨 거주하던 다른 집에서도 쿵쾅거리고 삐걱대는 소리가 들리고 있고, 사람들이 그 소리를 듣는 순간 그녀가 이내 격렬한 경련을 일으키며 쓰러진다는 것이었다. 게다가 경련이 점점 강해지고 오래 지속되어 그녀는 그 사이에 5분도 자유로운 상태에 있지 못한다고 했다. 나는 목회자로서 그녀를 방문해 관련된 이야기를 들었다. 그녀는 자기 눈앞에 뭔가 둥둥 떠다녔고, 그것이 그녀의 몸을 굳게 만들었다고 설명했다. 곧이어 내가 고트리빈과 함께 기도하자 그녀는 의식을 잃고 침대에 쓰러졌다. 한번은 의사가 곁에서 지켜보는 가운데 그녀가 경련을 일으키며 쓰러지는 것을 함께 목격했다. 그녀의 몸 전체가 격렬하게 떨리고 있었고, 머리와 팔의 모든 근육이 마치 불이 붙은 것처럼 움직이고 있었으며, 몸의 다른 부분은 굳어서 뻣뻣해졌다. 고트리빈의 입에서는 거품이 흘러나왔다. 그녀는 그런 상태로 몇 시간을 누워 있었는데, 이런 일을 한 번도 경험해 본 적이 없었던 의사는 망연자실한 듯 보였다. 하지만 그러다가도 그녀는 갑자기 깨어났고, 곧 몸을 일으켜 앉아 물을 마실 수도 있었다. 그녀가 잠시 전까지 쓰러져 있었던 사람과 동일인이라고는 어느 누구도 믿을 수 없을 광경이었다. 이런 식으로 며칠이 쏜살같이 지나갔다.

주일 저녁에 나는 다시 그녀를 방문했고, 그녀의 동성 친구 두세 명이 그 자리에 함께했다. 그때 또다시 끔찍한 경련 현상이 일어났다. 나는 말문이 막힌 채 지켜보는 수밖에 없었다. 일단 그녀에게서 약간 거리를 두고 떨어져 앉았다. 그녀의 팔은 비틀렸고 머리는 옆으로 젖혀져 깊이 숙인 상태였다. 몸은 구부려져 높은 아치arch를 만들었으며, 거품이 계속 입에서 흘러나왔다. 지금까지 일어난 일들로 미루어 볼 때, 어떤 악령의(dämonisch) 힘이 여기에 작용하고 있음이 분명해졌다. 그러나 그렇게 강한 전율을 일으키는 상황 속에서 어떠한 해결책도 찾을 수 없고 어떠한 말도 그녀에게 도움이 되지 않는다는 사실이 내게 큰 고통으로 다가왔다. 거기까지 생각이 미치자, 분노에 가까운 감정이 나를 사로잡았다. 나는 벌떡 일어나 그녀의 굳은 손목을 꽉 잡고 손가락을 강제로 펴서 기도하는 모양으로 두 손을 모은 후, 의식이 없는 상태인 그녀의 귀에 대고 큰 소리로 이름을 부르며 이렇게 외쳤다.

"손을 모으고 나를 따라 기도해요! '주 예수님, 나를 도우소서! 우리는 마귀(Teufel)가 저지르는 일을 지겹도록 보아 왔습니다! 이제 우리는 예수님께서 하시는 일을 보고 싶습니다!'"

그러자 잠시 후 고트리빈이 깨어나 이 기도의 말을 그대로 따라 말했다. 그때 모든 경련이 멈추었고 지켜보던 사람들은 크게 놀랐다. 이것이 바로 내가 사건을 해결하기 위해 축사逐邪 사역을 시작하게 된 결정적 계기였다. 마치 저항할 수 없는 힘이 나를 이 축사 사역으로 내몬 것처럼 느껴졌다. 그전까지는 이러한 사역에 대해 조금도 생각해 본 적이 없었기 때문이다. 지금 와 생각하니 그때의 나는 어떠한 알 수 없는 힘이 직접 압박하여 이끌어 낸 강한 충동(Drang)에 이끌렸던 것 같다. 그 압박은 내게 너무도 강한 인상을 남겼고, 그때 느꼈던 강한 충동은 그날 이후 위기 때마다 나를 안정시켜 주는 소중한 기억이 되었다. 그 충동의 강한 압박을 생각할 때면 내가 자의적인 선택이나 오만한 태도로 이 사역을 떠맡은 것이 아니라는 사실을 확신할 수 있었기 때문이다. 그러나 그 당시에 나는 이 사건이 이토록 소름 끼치는 방식으로 전개될 줄은 정말 꿈에도 몰랐다.

고트리빈이 다시 정신을 차렸을 때, 나는 그녀에게 용기를 북돋아 주었고 함께 짧게 기도했다. 그리고 떠나오면서 그녀에게 다시 경련과 발작이 일어나면 곧장 내게 소식을 전해 달라고 주변 사람들에게 부탁했다. 그리고 밤 10시경, 누군가 헐레벌떡 달려와 내게 상황을 알렸다. 조금 전까지 아주 평온한 저녁 시간을 보내고 있던 고트리빈에게 갑자기 그 어떤 때보다도 더 강렬한 발작과 경련이 일어났다는 것이었다. 황급히 달려가 보니 눈앞에 펼쳐진 장면이 너무 끔찍해서 옆에서 지켜보던 여성마저 졸도하기 직전이었다. 나는 즉시 위에서 설명했던 기도

절차를 실행했다. 그러자 똑같은 결과가 일어났다. 고트리빈이 무사히 깨어난 것이다. 그래서 잠시 숨을 돌리려고 자리를 비웠는데, 그 사이에 돌연 고트리빈이 뒤로 넘어가며 침대 위로 쓰러졌다. 나는 재빨리 그녀를 향해 "주 예수님, 저를 도우소서!"라는 기도 문구를 외쳤다. 그녀는 이 기도를 입 밖으로 따라 말하지는 못했다. 그럼에도 그녀는 다시 정신을 차렸고, 경련도 잦아들었다. 다만 언제라도 발작이 재발할 것 같은 기미가 수그러들지 않았다. 이렇게 3시간쯤 지났을 때, 고트리빈이 큰 소리로 말했다.

"이제 좀 편해졌어요!"

그 후 그녀는 그날 밤과 다음 날 내내 안정된 상태에 있었다. 그러나 밤 9시가 되었을 무렵, 발작이 다시 시작되었다. 이번에는 이장인 크라우스하르 및 모세 슈탕어와 함께 서너 시간을 고트리빈 곁에서 머물렀는데— 이때 이후로 우리 셋은 거의 늘 함께였다 —바로 그때 그녀의 내면으로부터 뭔가 적대적인 것이 나를 향하고 있음을 알아챌 수 있었다. 그녀는 날카로운 눈빛을 발하며 눈을 크게 뜨고, 광기와 분노 외에 다른 아무것도 느껴지지 않을 정도로 소름 끼치게 무서운 표정을 지었으며 주먹을 불끈 쥐어 나를 위협하려는 움직임을 보였다. 또한 팔을 벌리며 두 손의 손가락을 구부리고는 바로 내 눈앞에 갖다 대며 즉석에서 눈알을 뽑아 버리겠다는 식의 자세를 취했다. 그러나 나는 그런 상황에서도 단호하고 안정된 태도로 조금도 미동하지 않았다. 위협하는 대부분의 욕설에 대해 짧게 성경 구절을 인용하여 기도할 뿐 그것에 전혀 신경 쓰지 않았다. 그런 위협은 내게 아무런 소용이 없었다. 그녀는 나를 향해 달려들었지만 내게 조금도 손을 대지 못했다. 마지막으로 그녀는 팔에 엄청난 힘을 실어 침대를 여러 번 내리쳤다. 어떤 영적인(geistig) 힘이 손가락 끝에서 흘러나오는 것처럼 보였다. 그것으로 그날의 상황은 끝났다. 그녀는 이후에도 계속 눈앞에서 여러 형체들을 보고 있는 듯했지만 그마저도 서서히 사라졌다. 이와 비슷한 사건은 1-3일의 간격을 두고 서너 차례 일어났고, 마침내 완전히 끝났다.

나는 '이제 별일 없겠지'라고 내심 기대하고 있었다. 그러나 얼마 되지 않아 이웃 사람들이 고트리빈의 주변에서 손끝으로 무언가 두들기는 소리가 들리고 나면 그 직후 그녀가 가슴에 쇼크를 받고 쓰러진다는 소식을 전해 왔다. 고트리빈은 이전에 거주했던 집 1층에서 보았던 것과 똑같은 여인의 형체를 보았다고 말했다. 모두의 진술로 미루어 볼 때, 그 형체는 2년 전에 죽은 과부가 분명했다. 그 과부에게는 이미 사망한 두 자매(요한나 식스트 및 엘리자베스 식스트) 외에 다른 친척이 없었다. 그 과부의 이름은 카타리나 크리스티안네 바이스(결혼 전 본명은 식스트Catharina Christiane Weiß, geb. Sixt)였다. 나는 생전의 그녀를 알고 있었다. 그 과부는 임종 직전에 격렬한 양심의 가책을 느껴 심각한 범죄를 내게 고백했었고, 마지막 숨이 멎을 때까지 조금도 안정을 되찾지 못했다. 항상 나와 동행해 주는 이 장인 크리스티안 프리드리히 크라우스하르 및 모세 슈탕어와 함께(나는 눈으로 보고 귀로 들은 것을 확실히 말해 줄 수 있는 증인 없이는 결코 그곳에 있고 싶지 않았다) 그곳으로 갔을 때, 나는 즉시 으스스하고 이상한 소리를 실제로 들을 수 있었다. 고트리빈은 혼자 침대에 누워 있었고, 몸이 불편해 보이지는 않았다. 그런데 갑자기 무언가 나타나 그녀의 몸속으로 들어가는 것만 같았다. 얼마 안 가 그녀의 몸 전체가 움직이기 시작했다. 그래서 나는 성경 말씀 몇 구절과 함께 그녀에게 기도문을 들려주었고, 예수님의 이름을 언급했다. 그러자마자 그녀는 눈을 험하게 부라리고 손을 거칠게 휘저었다. 그때 그녀의 입에서 어떤 음성이 들렸는데, 순간적으로 그녀가 아닌 타자의 것임을 쉽게 알아챌 수 있었다. 그렇게 판단할 수 있었던 것은 그 목소리가 지닌 특성 때문이기도 했지만, 무엇보다도 난폭한 표현과 태도 때문이었다. 그 목소리는 이렇게 부르짖었다.

"그(!) 이름을 내 귀에 대고 말하지 말라고!"

모두 소스라치게 놀라며 동시에 소름이 돋았다. 그런 기괴한 음색의 목소리는 결코 들어 본 적이 없었다. 나는 침묵하며 조용히 하나님께로 향했다. 내게 지혜와 분별력을 주시고, 이 순간에 전혀 어울리지 않는 부적절한 호기심에 빠지지 않도록 나를 지켜 달라고 그분께 기도했다. 그리고 마지막으로 용기를 내어 두세 가지 질문을 감행했다. 물론 나는 꼭 필요한 내용만으로 질문을 제한하고 그 경계를 넘어설 때는 재빨리 그 사실을 알아채야 한다는, 스스로가 정한 전제조건을 속으로 확실히 되새겼다. 나는 우선 그 죽은 여인과 관계된 일을 물었다.

"너는 무덤 속에서 편안히 쉬지 못하는 건가?"

"그렇다!"

"왜 평안을 누리지 못하지?"

"내가 저지른 일의 대가를 치러야 하기 때문이지."

나는 계속해서 물었다.

"너는 그때 내게 모든 죄를 고백하지 않았나?"

여기서 나는 고트리빈의 몸을 입고 나타난 그 보이지 않는 형체가, 임종 직전에 자신의 범죄를 내게 고했던 그 여성이라고 암묵적으로 전제했다.

"아니, 다 말하지 않았어. 아이 둘을 죽여 밭에 묻었거든."

"그 누구도 너를 도울 수 없다고 생각하는군. 하지만 너는 하나님께 기도할 수 있지 않은가?"

"개소리하지 마. 난 기도 따위 할 수 없어!"

"너는 죄를 용서해 주시는 예수님을 알고 있지 않나?"

"그 이름을 내 귀에다 대고 말하지 말라고!"
"너는 혼자 있는가?"
"아니야!"
"그렇다면 누가 네 옆에 있지?"

고트리빈의 입을 통해 말하던 그 음성은 잠시 대답을 주저했지만, 곧바로 지나가듯 빠르게 말했다.

"극악무도한 자가 곁에 있지!"

이런 식으로 대화는 조금 더 진행되었다. 그렇게 고트리빈 안에서 말하던 자는 마법에 대해 한탄했고, 그 자신이 마법 때문에 마귀에게 붙들려 있다고 했다. 죽은 과부의 혼령魂靈은 자신이 벌써 일곱 번이나 내쫓겼지만, 이제는 고트리빈에게서 결코 나가지 않겠노라 말했다. 나는 혼령인 그 여인에게 그녀를 위해 기도해도 되는지 물었고, 그녀는 잠시 머뭇거린 후에 그렇게 하라고 허용했다. 그렇게 나는 마침내 그 여인이 고트리빈의 몸속에 계속 머물 수 없고 머물러서도 안 된다는 점을 이해시킬 수 있었다. 그 여인은 서럽게 간청하는 모습을 보이다가, 다시 완고해졌다. 나는 내가 낼 수 있는 가장 진지한 목소리로 그 여인에게 나가라고 명령했다. 그러나 예수님의 이름으로 명령하지는 않았다. 그 후로도 오랫동안 나는 그렇게 하지 않았다. 어쨌든 그 순간 상황이 순식간에 바뀌었다. 고트리빈이 침대를 손으로 강하게 내리치는 것을 끝으로 빙의는 일단락된 것처럼 보였다.

하지만 며칠 후 또다시 그 죽은 여인의 빙의로 보이는 증세가 고트리빈에게 나타났다. 이번에 나는 그 혼령과 아무런 대화를 나누지 않았다. 그러자 곧바로 엄청난 일이 벌어졌다. 악령들(Dämonen)이 마치 차례대로 호명되는 것처럼 처음에는 셋, 그다음에는 일곱, 마지막에는 열넷씩이나 고트리빈에게서 스스로를 드러냈다가 떠나간 것이다. 그때마다 고트리빈의 얼굴은 확연히 변했고 나를 위협하는 각기 다른 표정을 지었다. 또한 협박성 짙은 거친 말들을 잔뜩 쏟아 냈다. 역시나 난 개의치 않았다. 그 자리에 함께 있었던 이장 크라우스하르도 많은 욕설을 듣고 주먹질까지 당했으나 내게는 그런 폭력이 감행되지 못했다. 악령들 스스로가 그들이 아무리 제멋대로 행하려고 해도 목사인 나에게는 아무런 해를 입힐 수 없다고 말했다. 때때로 고트리빈 속의 악령은 머리를 여기저기 쥐어뜯고, 가슴을 쥐어박아 상처를 내고, 벽에 머리를 부딪치는 등 온갖 방법으로 자해했다. 그러나 나는 그런 난폭한 움직임이 있을 때마다 몇 마디 단순한 말로만 명령했으며, 각각의 명령에 따라 악령들은 계속 축출되었고 마침내 고트리빈은 조용해졌다.

이런 일들이 몇 차례 반복되는 사이, 눈앞에서 펼쳐지는 장면들은 점점 더 끔찍해졌다. 내가 개입하고 영향력을 행사해서 악령을 축출해도 사태는 그저 악화되기만 하는 것처럼 보였다. 그즈음에 내가 영적으로, 정서적으로 견뎌야 했던 고통은 어떤 말로도 표현할 수 없다. 그러나 이 사태를 끝내야 한다는 나의 내적 충동은 점점 더 커져 갔다. 매번 사건이 벌어질 때마다 나는 악령의 권세가 복종하고 고트리빈이 완전히 회복됐다고 느끼며 만족스럽게 그녀의 숙소를 떠날 수 있었다. 그럼에도 불구하고 어둠의 권세는 점점 더 강해지고 있는 듯 보였다. 더욱이 마침내 나를 거대한 미로에 빠뜨려 나와 나의 교회 사역에 손상을 입히고 파멸시키려 한다는 생각도 들었다. 친구들은 모두 이런 일에서 물러나라고 내게 충고했다. 그러나 나는, 만일 내가 고트리빈에게서 손을 떼면 그녀가 어떻게 될 것인지, 그녀에게 나쁜 일이 일어나면 모든 사람 앞에서 내가 원인 제공자로서 얼마나 큰 책임을 져야 할 것인지를 두렵고 떨리는 마음으로 생각하지 않을 수 없었다. 나조차도 그물에 걸려들었다는 느낌이었다. 그것은 단순히 뒤로 물러나는 것만으로는 결코 빠져나올 수 없는 그물이었다. 또한 물러선다면 오히려 나와 고트리빈이 즉시 위험해질 것이라는 판단도 있었다. 무엇보다 악령에게 포기해 굴복한다는 것은 나 자신에게는 물론, 내가 그렇게나 많이 기도하고 신뢰하는 우리 주님 앞에 수치스러운 일이라고 생각했다. 나를 도와주고 계신다는 사실을 그토록 많은 증거로 보여 주신— 나는 이렇게 솔직히 고백할 수 있다 — 바로 그 주님이시다. '주님은 누구신가?' 나는 계속 질문해야 했고, 주님이신 그분을 신뢰하는 나의 내면에서는 끊임없이 "앞으로 나아가라!"라는 목소리가 울려 나왔다. 예수님께서 뱀의 머리를 밟아 으깨셨다는 것이 사실이라면,창 3:15下 이 사태가 비록 가장 깊은 수렁 속까지 빠져들어 간다고 해도 마지막에는 틀림없이 선한 목적에 도달하게 될 것이다.

그날 이후 쫓겨나는 악령들의 숫자는 순식간에 175개체로 증가했고, 그다음에는 425개체에 이르렀다. 모든 일이 너무 빠르고 다양하게, 줄지어 일어났기 때문에 세부적인 일들을 확실히 기억하지는 못한다. 그래서 개별 사건의 구체적이고 상세한 장면 서술은 생략하기로 한다. 그렇게 이어진 축출의 투쟁 중 마지막 사건이 벌어진 후로 며칠 동안은 조용했다. 그러나 고트리빈의 말에 따르면 밤중에 많은 형체들이 다시 몰려들기 시작했다. 이번에는 그녀를 간호하던 여성도 같은 시각에 서너 개의 형체들을 얼핏 보았다고 주장했다. 다음과 같은 일도 있었다. 어느 날 밤, 고트리빈은 불타오르는 듯한 어떤 손이 공중에서 자기 목을 꽉 잡고 조른다고 잠결에 느꼈고 그 즉시 아주 큰 화상 흔적이 그녀의 목에 나타났다. 같은 방에서 함께 자자며 고트리빈을 지켜 주던 여성(그녀의 숙모)이 촛불을 켰을 때는 이미 물이 가득 찬 큰 수포가 목 주위에 잡혀 있었다. 다음 날 아침에 방문했던 의사 슈패트 박사는 태어나서 그렇게 기이하게 놀란 적은 처음이라고 말했다. 고트리빈의 목 상처는 몇 주가 지나서야 겨우 회복되었다. 그 밖에도 그녀는 밤낮을 가리지 않고 옆구리나 머리에 타격을 당했으며, 보이지 않는 형체가 거리나 계단 등 어디서든지 가리지 않고 그녀의 발을 잡아채 넘어뜨린 탓에 큰 혹이 나거나 상해를 입었다.

1842년 7월 25일이 되는 날 밤, 내게 가장 견디기 힘든 순간이 다가왔다. 전날 저녁 8시부터 새벽 4시까지 나는 보이지 않는 형체와 격렬하게 싸웠지만 제압하지 못한 채 사역을 마쳐야 했다. 이런 경우는 그 이전에도 이후에도 없었는데, 이웃 마을 코른탈Korntal에서 열리는 어린이 축제에 참석하기로 했기 때문이었다. 어쩔 수 없이 나는 그녀의 거처를 떠나야만 했다. 이윽고 저녁 늦게 집으로 돌아온 내게 고트리빈이 헛소리하는 착란 상태에 있다가 이제는 거의 실성한 것처럼 보인다는 소식이 전해졌다. 그녀를 지켜보던 모든 사람이 깊이 탄식했다. 그들은 그녀가 가슴을 쥐어박고, 자기 머리카락을 뽑고, 벌레처럼 몸을 둥글게 마는 등 처절하게 저주받은 사람처럼 보인다고 말했다. 나는 다음 날 아침 8시가 되어서야 그녀의 집을 찾았다. 방문 전에 나는 매일 인도하는 성경공부 시간을 진행했는데, 「집회서」 2장의 의미 깊은 말씀을 읽으며 눈물을 흘리지 않을 수 없었고 무너지는 마음을 주체할 수 없었다.

"내 아들아 딸아 네가 진정으로 하나님을 섬기는 자가 되려면 너 자신을 시험에 기꺼이 내맡겨라. 사람들이 그 일로 너를 유혹할 때도 너는 굳게 붙들며 흔들리지 말고 고난을 담대히 받아들여라. 하나님을 굳게 붙들고 치우치지 말라. 그리하면 너는 점점 더 강해지리라. 너에게 일어나는 모든 고통을 견디고 환난 가운데서 인내하라. 금이 불로 단련되듯이 하나님께서 기뻐하시는 자는 시련의 불을 통해 입증되느니라. 하나님을 신뢰하라. 그러면 그분이 너를 도우시리라. 너의 길을 그분께 향하도록 하고 그분을 향한 희망을 품으라. 그렇게 너희는 주님을 경외하며 가장 좋은 것이 그분으로부터 오기를 바라라. 그렇게 하면 너희에게 은혜와 신뢰가 항상 넘칠 것이다. 주님을 경외하는 너희는 그분의 은총을 기다리라. 멸망에 이르지 않도록 주님을 떠나는 길로 치우치지 말라"[*]

이 말씀에 큰 힘을 얻은 후, 나는 고통을 겪고 있는 그녀에게로 향했다. 11시쯤 모든 상황이 진정된 듯 보였다. 그러나 오후가 되자 나는 또다시 혼자 그녀에게 가야 했다. 이번 투쟁은 저녁 7시까지 계속되었다. 그 과정에서 악령들이 단번에 그녀의 입을 통해 쏟아져 나오기 시작했다. 약 15분 동안 고트리빈은

---

[*] 「집회서」 2장 1-9절, 루터 성서

죽은 듯 그 자리에 누워 있었다. 나는 그녀가 다시 숨을 쉴 때까지 온 힘을 다해 믿음의 능력에 집중했다. 그 사이 창밖 거리에서 사람들이 외치는 소리가 들렸다.

"드디어 저 여자가 죽었나 봐!"

그때, 고트리빈이 갑자기 상체에 큰 경련을 일으키더니 입을 쩍 하고 벌렸다. 그러곤 마치 그녀가 연이어 숨을 뱉어 내는 것처럼 악령들이 그녀의 입에서 한 무리씩 쏟아져 나왔다. 그것들은 계속해서 무리를 이루었는데, 때로는 열넷, 스물여덟 혹은 열둘로 모였고 총합은 거의 수천에 이를 듯이 보였다. 나는 아무 말도 하지 않았고 악령들 또한 아무 말이 없었다. 다만 그녀는 새로운 무리가 나올 때마다 분노의 눈길로 주변을 둘러보았다. 드디어 사태가 멈추었다. 이제는 아주 의미 깊고 중요한 시기에 도달한 것 같았다. 몇 주의 시간이 마치 아무 일도 없었던 것처럼 지나갔고, 마침내 고트리빈은 원하는 만큼 집 밖을 걸어 다닐 수 있게 되었다. 그 광경에 나는 크게 기뻐했다. 그러나 그 다음에 다가올 사태에 대해서는 예견하지 못했다.

제3부

가슴 부위의 출혈과
자살 시도들

얼마간 조용한 날들이 지나가고 고트리빈이 창백하고 야윈 모습으로 나를 찾아왔다. 그리고 그녀는 지금까지 부끄러워 내게 말하지 못했지만 더 이상 숨길 수 없게 된 일이 있다고 했다. 그녀는 말하기를 계속 망설이며 탄식했고, 나는 불안으로 긴장되었지만 인내하며 기다려 주었다. 마침내 그녀는 다음과 같은 이야기를 들려주었다.

그녀는 이미 2년 전에 매주 수요일과 금요일마다 유령같이 보이는(geisterähnlichen) 형체로부터 심한 출혈을 일으키는 공격을 받아 큰 고초를 겪었던 적이 있었다.* 이런 괴로운 공격(Plage)은 보통 3시간이나 지속되었고, 그럴 때마다 고트리빈은 상상조차 할 수 없는 고통을 견뎌 내야만 했다. 그녀는 의사에게 출혈에 대해 상담했지만, 그가 온갖 의료수단을 동원해도 치료할 수 없었다. 이런 괴로운 공격은 내가 처음으로 그녀의 문제를 진지하게 들어 준 바로 그날에 비로소 멈추었다고 했다. 그런데 2년이 지난 지금, 마지막 투쟁(1842년 7월 25일과 26일)이 끝난 며칠 전부터 그 괴로운 공격이 다시 시작되었다는 것이다. 매주 수요일과 금요일이면 그녀는 언제나 불안하고 두려운 심정으로 침대에 누워 있어야 했고, 그 공격이 닥쳐오면 단지 신음할 뿐 무기력해져 손가락 하나 까딱할 수 없었다고 한다. 마

---

* 이를 성폭력 학대로 해석하는 사람도 있다. - 역주

지막으로 그녀는 만일 그 괴로운 공격이 앞으로도 멈추지 않는다면 자신은 반드시 죽게 될 것이라 말했다. 실제로 나는 그 시기에 그녀가 하루가 멀다 하고 수척해지는 것을 두 눈으로 확인할 수 있었다.

당연히 나는 이 일에 크게 놀랐다. 이런 종류의 일은 지금까지 들어 본 적이 없었기 때문이다. 매 순간 소름 돋는 과감한 묘사로 훌륭하게 장면을 풀어내는 판타지 작가들의 뱀파이어 전설에나 나올 법한 일이었다. 훗날 나는 민간에 떠돌아다니는 여러 전설 이야기를 듣곤 했는데, 그중에는 어린이들이 재앙과 같은 역병에 노출된다는 이야기도 있었다. 사람들은 그런 병을 이른바 악인들, 곧 마법사들이 일으키는 사건으로 여겼다. 우선 나는 이 문제를 집중적으로 숙고하는 시간을 가졌고 모든 생각을 종합한 결과, 어둠의 권세가 인간에게 무척이나 큰 폭압적 지배력을 행사하는 것이 틀림없다는 슬픈 확신에 도달했다. 이어서 나는 속으로 이렇게 [나 자신에게] 말했다.

'이제 너는 끝났다. 마법과 마술사가 벌이는 일에 휘말리고 말았구나. 이런 힘에 대항하여 도대체 무얼 할 수 있을까?'

고통에 신음하는 그 여성을 바라보며, 나는 그런 어둠의 권세가 실제로 존재할 수 있다는 가능성과 나 같은 사람은 그 어떤 도움도 줄 수 없다는 불가능성에 몸서리치며 떨 수밖에 없었다. 문득 이런 생각까지 떠올랐다. 혹시 악령의(dämonisch) 온갖 악행을 막아 낼 비결을 가지고 있는 사람, 신비한 방법으로 높고 낮은 등급의 악령을 언제나 절대 복종시킬 수 있는 사람이 있지 않을까? 주변을 수소문해서 그런 사람을 찾아보아야 하지 않을까? 그러나 그것은 내가 이미 오래전부터 확신했던 것처럼, 마귀(Teufel)의 힘으로 마귀를 내쫓는 일이 될 터였다.눅 11:18 나는 얼마 전에 마음속에 울렸던 경고를 떠올렸다. 그때 나는 이렇다 할 해결책을 찾지 못한 상태였다. 그래서 괴로운 질병을 겪는 그녀의 집 현관문에, 이를테면 예수님의 이름을 적은 패라도 붙여 볼까 아니면 그와 비슷한 다른 시도를 해 볼까 생각하고 있었다. 그러던 그날 아침, 경건주의 단체가 만든 『오늘의 말씀』 문집에서 성경 구절을 하나 읽게 되었다.

"너희가 이같이 어리석으냐 성령으로 시작하였다가 이제는 육체로 마치겠느냐"

나는 「갈라디아서」 3장 3절의 이 말씀을 앞으로도 악령과의 전투에서 '오직 기도와 오직 하나님의 말씀'이라는 순전한 무기만을 사용해야 한다는 작은 영적 신호로 이해했다! 이렇게 나를 바르게 이끌어 주신 하나님, 찬양받으소서!

뒤이어 다음과 같은 생각들이 내 마음속에 줄지어 지나갔다.

고트리빈이 그런 역경에 처해 있을 때 믿는 자의 기도는 사탄의 권세에 맞서 무엇이라도 성과를 내야 하지 않는가? 우리 불쌍한 인간들이 할 수 있는 일은 위로부터 오는 직접적인 도움을 간구하는 것 아니겠는가? 사탄이 여기서 난장판을 벌이고 있는데, 뒷짐 지고 내버려 두는 것이 옳다는 말인가? 참 하나님을 향한 믿음이 그런 일을 짓밟아 버릴 수 있어야 하지 않는가? 예수님께서 마귀의 일을 멸하려고 오셨다면, 그 목적은 바로 여기서 벌어지고 있는 현상 속에서 우선적으로 확증되어야 하지 않는가? 악한 마술과 마법사들의 농간이 실제로 존재한다면, 그들이 벌이는 고통스러운 놀이를 손쓰지 않고 놔두는 것은 죄가 아니겠는가? 저항할 기회가 주어졌다면 그 세력에 대해 가장 진지한 자세로 극한까지 맞서야 하지 않겠는가?

이렇게 생각하면서 나는 다른 어떤 조언도 할 수 없는 이 문제에 맞서 오직 기도의 능력에만 의지하겠다는 믿음으로 강하게 밀고 나갔다. 나는 괴로운 질병을 겪는 그녀에게 이렇게 외쳤다.

"우리 함께 기도합시다. 무슨 일이 어떻게 일어나는지, 한번 시험해 봅시다. 어찌 되든지 간에 기도해서 손해 볼 일은 아무것도 없지 않습니까? 성경의 거의 모든 장章이 우리에게 기도와 그 응답에 관해 말하고 있지 않습니까? 주님께서는 그분께서 약속하신 바를 행하실 것입니다!"

나는 계속해서 그녀를 생각하겠다고 안심시켜 준 후에 무슨 일이 생기면 연락하라고 당부하면서 그 자리를 떠났다.

그다음 날인 금요일에 이제껏 벌어진 사건 가운데 가장 공포스러운 일이 일어났다. 여러 달 동안 지속된 가뭄이 시작한 이래 처음으로 하늘에서 벼락이 치고 거친 빗줄기가 쏟아지던 날이었다. 그리고 내게는 결코 잊을 수 없는 날이 되었다.

괴로운 질병을 겪던 고트리빈이 오후 6시경 사촌의 집 현관문에 들어서는 순간, 그 형체들이— 그녀의 설명에 따르면 —그녀를 덮쳤고 심한 출혈이 시작되었다. 옷을 갈아입기 위해 그녀는 서둘러 이전의 자기 집으로 향했다. 집에 도착해 잠시 의자에 앉았을 때 그녀는 뭔가를 연이어 강제로 삼켜야만 했다. 그리고 그것이 잠시 후 그녀를 제정신이 아닌 상태로 몰고 갔다. 그녀는 거실과 침실 사이를 질풍처럼 오가며 "칼! 칼은 어디 있어?"라고 외쳤고, 깜짝 놀란 그녀의 자매들이 급히 칼을 숨겨 그녀의 손에 들어가지 못하게 막았다.

곧 그녀는 창틀로 허겁지겁 올라가더니 처마돌림띠*로 펄쩍

---

* 처마의 둘레를 감싸 두르는 가늘고 긴 돌출 장식으로, 외벽에 빗물이 흘러내리지 않도록 막는 기능을 한다. 보통 고전 건축에서 볼 수 있다. - 편주

뛰어올랐다. 어느새 그녀는 돌림띠 안쪽을 한 손으로 겨우 짚은 채, 허공에 위태롭게 떠 있는 상태가 되었다. 그때 그날의 첫 번째 낙뢰가 내리쳤다. 번쩍이는 번개 빛으로 고트리빈의 눈에 광채가 번득였고, 그녀는 크게 놀라며 깨어나 정신을 되찾았다. 그녀가 외쳤다.

"하나님 맙소사! 아냐, 나는 그러고 싶지 않아!"

그러나 맑은 의식은 순식간에 사라졌다. 다시 시작된 착란 상태에서 그녀는 밧줄을 손에 들고(이것이 어디서 나왔는지 지금껏 규명되지 못했다) 아주 쉽게 조여들도록 솜씨 좋게 매듭지은 후, 그것을 처마 난간 기둥에 튼튼하게 붙들어 맸다. 이미 그녀의 머리는 반쯤 올가미 속으로 집어넣어져 있었다. 그 순간 번쩍이는 두 번째 번갯불이 창문에 반사되어 그녀의 눈을 때렸고, 그녀를 조금 전처럼 다시 제정신으로 돌려놓았다.

다음 날 아침, 여전히 기둥에 매여 있는 밧줄 올가미를 바라보는 그녀의 눈에서 하염없이 눈물이 흘러내렸다. 가장 또렷하게 정신이 깨어 있는 상태라고 해도 그녀는 그런 고도의 기술이 필요한 밧줄 올가미를 엮을 수 없었을 것이다.

그녀는 어느 정도 의식을 되찾았지만 계속된 출혈로 매우 지친 상태였기에, 가까운 거리였음에도 사촌 집이었던 현재 숙소까지 거의 기어가다시피 돌아갔다. 힘겹게 계단을 올라가 나무

마루가 깔린 침실로 들어가는 것이 그녀가 할 수 있었던 전부였고, 도착하는 즉시 침대에 쓰러져 의식을 잃었다. 폭우와 뇌성이 다시 시작되던 저녁 8시경에 나는 그 집에 방문해 달라는 연락을 받았다. 그녀는 피범벅이 된 상태였는데 그녀의 피가 옷을 통해 상체 전체에 넓고 깊게 스며들어 있었다. 내가 그녀의 이름을 부르며 위로하는 몇 마디 말을 건네자 그 말이 효과가 있었는지 그녀가 어렴풋이 깨어났다. 그리고 이렇게 소리쳤다.

"아, 저 형체들!"

"아직도 그것들이 보이나요?"

내가 물었지만 그녀는 고통에 찬 신음 소리로 답할 뿐이었다. 나는 간절히 기도하기 시작했다. 밖에서는 천둥소리가 우르릉대고 있었다. 내가 무슨 정신으로 뭐라고 기도했었는지 지금도 잘 알지 못한다. 그러나 약 15분이 지나자 결정적인 효력이 나타났고, 그녀는 이렇게 소리쳤다.

"그것들이 사라졌어요!"

곧이어 그녀는 맑은 정신을 되찾았다. 나는 그녀가 옷을 전부 갈아입을 때까지 잠시 자리를 피했다. 그녀가 다시 온전한 모습이 되어 침대에 걸터앉은 것을 보며, 그곳에 모여 있던 우리는 다만 찬양과 감사를 드릴 수밖에 없었다. 그날 이후로 앞서 그녀가 설명했던 공격당하는 증세는 멈췄다. 서너 번 정도 그 형체들이 그녀 앞에 나타나 몸속으로 들어가려고 하는 것을 보았지만 그 이상의 일은 일어나지 않았으며 그런 일 자체도 이윽고 그쳤다. 원인이 무엇이었든 이제 사태가 진정되었으니, 그것은 주님이 도와주셨기 때문이다.

그러나 그날 밤의 일이 완전히 끝난 것은 아니었다. 우리가 다 함께 빙 둘러서서 찬송을 부르고 있었을 때, 이전에 그랬던 것처럼 악령 같은 것이 고트리빈을 덮쳤고 그녀는 뒤로 쓰러졌다. 그녀의 입에서 분노에 차 위협하는 욕설들이 쏟아져 나왔다. 하지만 나는 맞서지 않고 침착하게 명령했다. 그리했더니 그녀는 겉보기에 다시 정신을 차린 것처럼 보였다. 그리고 이렇게 말했다.

"목사님은 이제 가셔도 됩니다!"

"정말 안심해도 될까요?"

"왜 못 하는데요? 목사님은 사람을 믿지 못하시나요?"

"맞아요. 나는 당신을 믿을 수 없어요."

이렇게 응답하며 나는 갈 채비를 하느라 집어 들었던 나의 모자와 지팡이를 다시 내려놓았다. 그리고 짧게 기도했다. 바로 그때 그녀 속의 악령이 비웃음을 터뜨리며 이렇게 말했다.

"네놈이 가지 않은 것은 참 잘한 짓이야. 만일 갔더라면 네놈은 나에게 진 거였어. 그리고 다 잃었을 게야."

나는 귀에 들리는 험악한 말을 크게 신경 쓰지 않고 평소처럼 말하고 행동했다. 그러자 갑자기 분노와 불만에 가득 찬 악령들(Dämonen)에게서 엄청나게 큰 소리가 터져 나왔다. 그것은 큰 무리의 음성같이 들렸는데, 대체로 이렇게 울부짖고 한탄하는 듯했다.

"이제 모든 일이 몽땅 글러 처먹었어! 모든 것이 들통나고 말았잖아! 네놈이 우릴 완전히 혼란 속에 처넣고 있어! 우릴 묶어 주는 연결 고리가 끊어지고 있단 말이야! 모든 게 다 끝장났어, 모든 일이 뒤죽박죽이야! 이게 다 네놈 때문이야. 네놈이 하는, 그놈의 끊임없는 기도 때문이야! 네놈이 감히 우릴 내쫓고 있다는 거지. 화, 화, 화가 있도다! 아, 모든 일이 틀어지고 말았구나! 하지만 우리 무리는 1,067개체나 되지. 우리 중에는 아직 살아 있는 자도 많아!"

이어서 이른바 '아직 살아 있는 자들'에 대해서 이렇게 말했다.

"저들에게 빨리 경고해 줘야 하는데, 큰일이다! 아, 화로다! 저들에게 화가 있을 게야!"

여기서 내가 말을 끊고 끼어들었다.

"아직 살아 있는 자들은 회개하고 돌이킬 수 있다! 하나님께서 그들을 구원하실 수 있지. 너희는 너희 스스로나 걱정하는 편이 나을 거야!"

그때 큰 음성이 이렇게 대답했다.

"흐흐흐, 그들은 혈서를 써서 맹세했지!"

나는 물었다.

"도대체 누구에게?"

"마귀에게, 마귀에게!"

'피로 쓴 맹세'라는 말은 그 후에도 종종 나왔는데, 특히 '하나님께 대한 반역, 영원한 저주'라는 표현을 동반했다. 마귀에게 그렇게 맹세한 자는 어떠한 회개도, 구원도 가능하지 않다고 주장하는 것 같았다. 더군다나 악령들은 이미 죽은 자이기에 더더욱 회개나 구원이 불가능하다고 말하는 것이라 짐작했다. 어쨌든 그렇게 말하는 순간에 악령들은 철저히 절망하는 것처럼 보였는데, 아마도 지하의 심연으로 내려가는 길을 똑똑히 바라보고 있었기 때문일 것이다. 악령들이 울부짖는 소리, 번개가 번쩍이는 불빛, 으르렁거리는 천둥소리, 억수로 퍼붓는 요란한 소나기 소리, 그곳에 모여 있었던 사람들이 조성하는 극한의 긴장감, 나의 간절한 기도 소리, 내 기도를 듣고 앞선 비슷한 방법으로 악령들이 쫓겨나는 모습 – 이 모든 일이 어우러져 처절한 한 장면을 펼쳤는데, 이 세상 어느 누구도 이것이 현실이라고 상상할 수 없을 광경이었다.

몇 시간 후에 모든 소란이 진정되었다. 나는 다른 어느 때보다도 편안한 마음으로 고트리빈과 헤어졌다. 내가 이곳 한가운데 버티고 서서 벌이는 이 투쟁의 성격이 매우 특이하다는 사실은 나 자신도 이미 충분히 확신하고 있었다. 이 투쟁에 담긴 깊은 의미가 벌써 어느 정도 드러났지만, 이후에 계속 이어진 사건들을 통해 더욱 분명해졌다. 무엇보다도 악령들은 이렇게 말한 적이 있었다.

"이 세상에서 어느 누구도 우릴 쫓아내지 못했지. 그러나 제기랄, 오직 네놈, 그리고 네놈의 영원히 계속되는 그 빌어먹을 기도와 끈기라는 것이 그 일을 해내고 말았어."

이는 납득하기 어려운 말이 아니었다. 어느 누구도 나처럼 이렇게 전적으로 헌신하기는 어려웠을 것이기 때문이다. 그리고 이런 진술을 숨김없이 기록할 만큼 내가 정직한 반면, 악령들은 나를 오만하게 자기 자랑하는 사람으로 꾸짖으려 했다.

제4부

블룸하르트의 성찰과 숙고

앞서 마지막에 말한 사건은 1842년 8월에 일어났다. 그러나 며칠이 채 지나지도 않아 고트리빈에게서 모든 위협이 말끔히 사라지지 않았다는 사실이 다시금 드러났다. 나는 이 일로 지치기 시작했다. 특히 목회자의 공식 업무 외에도 반드시 처리해야 할 수많은 일들이 내 앞으로 잔뜩 쌓여 있었다. 말 그대로 나는 업무에 극도로 쫓기고 있었다. 다행히도 내가 처한 이 어려운 상황을 허심탄회하게 털어놓을 수 있는 나의 소중한 친구, 빌헬름 슈테른Wilhelm Stern 교수가 근처에 살고 있었다. 그가 내게 주님의 말씀을 적어 주었다. "기도와 금식* 외에 다른 것으로는 이런 종류가 나갈 수 없느니라!"막 9:29 나는 이 말씀을 깊이 묵상한 끝에, 통상적으로 사람들이 생각하는 것보다 훨씬 더 크고 중요한 의미를 '금식'에 부여해야 한다는 결론을 내렸다. 그렇다. 금식은 기도하는 사람이 간구하고 있는 내용이 진실하고 절박한 일임을 하나님 앞에 실제로 드러내는 증거이고, 이는 기도하려는 열의와 능력을 높이고 강화한다. 더 나아가 금식은 말 없이도 계속 드릴 수 있는 기도다. 그렇다면 지금 내가 처해 있는 이 상황에서 금식은 분명히 효과가 있으리라 믿게 되었다. 더구나 이 일련의 투쟁을 치르는 가운데 주님의 특별한 말씀이 이미 주어져 있었기 때문에 더욱 효과가 있

---

* 어떤 사본에는 기도와 더불어 금식이 들어간다. - 편주

을 것이다. 따라서 나는 아무에게도 말하지 않고 조용히 금식을 시작했는데, 그것이 그 이후에 투쟁하는 데 큰 힘이 되었다고 고백할 수 있다. 그중에서도 내게 도움이 되었던 점은 내가 (고트리빈을 진정시키기 위해 악령에게) 훨씬 더 침착하고 명확하고 단호하게 말할 수 있었다는 것, 그리고 예전처럼 소란을 잠재우기 위해 오랫동안 거기에 머물지 않아도 되었다는 것이다. 나는 직접 현장에 가 있지 않아도 나의 명령이 효력을 나타내는 것을 느꼈고, 현장에 도착해서는 짧은 시간 안에 의미 있는 결과를 얻을 수 있었다.

8월의 사건 직후에 벌어졌던 일들이 내 고백의 구체적인 예시가 되어 줄 것이다. 그때 고트리빈은 가장 악독한 종류의 악령(Dämon)이 자신의 몸 안에 들어와 있는 것을 뚜렷이 느끼고 있었다. 몸속에 자리한 그 악령은 특수한 힘으로 고트리빈의 숨통을 빈번하게 조여 왔고, 그때마다 그녀는 죽은 듯이 누워 있었다. 그녀의 장기들은 온갖 방식으로 칼에 찔리고 강하게 내리눌리고 있는 듯했으며, 그동안 신체 외부에는 마비가 왔다. 그녀는 자기 힘으로 팔다리를 조금도 움직일 수 없었다. 하지만 그런 지경에서도 극도로 무례하고 반항적인 태도로 돌변했는데, 특히 내가 방문하는 것에 크게 반발했다. 실제로 한번은 내가 집에 도착하자 끔찍하게도 고트리빈의 상체가 또다시 칼에 베인 것처럼 피부 아래로 피가 몰리더니 이내 심한 출혈이 시작되었다. 그런데 이번에는 그 원인이 이전과 달라 보였다. 금식을 했음에도 그날 상황은 최악이었다. 어쨌든 나의 기도와 함께 출혈은 즉시 진정되었다. 그러나 악령은 그녀의 입을 빌려 나를 완고히 비웃고 하나님을 모독하는 말을 내뱉었다. 나는 조용히 지켜보기만 했다. 잠잠히 기도의 능력만을 신뢰했으며, 이어질 사태에 대응할 채비를 했다. 악령은 나의 기도를 저지하려 했고, 겉으로 보기에도 그러기 위해 사력을 다하는 것 같았다. 그래서 나는 일단 그 자리를 떠났다. 내가 떠난 후에도 악령이 분노에 차서 계속 사납게 날뛰었다는 소식이 들려왔다. 사람들은 크게 놀라 고트리빈의 생명이 위험하다고 판단해 다시 나를 부르러 왔지만, 나는 방문을 단호히 거부하며 자리에서 한 발자국도 움직이지 않았다. 예상했던 대로 그다음 날 밤에 악령의 폭력은 잦아들었다. 내가 한마디 말도 거들지 않은 지 3일째 되던 날, 악령은 물러났다. 그러나 그것은 고트리빈의 목에 심한 화상을 남겼고, 그녀는 오랫동안 강한 통증으로 고생하며 그 후에도 불편을 겪어야 했다.

1843년 2월까지 이와 관련해 지속적으로 발생한 일련의 사건들은 더 이상 이야기하지 않으려고 한다. 지금껏 남아 있는 그때의 기억이란, 상황이 몹시 힘들고 괴로웠지만 결국 끝날 것이라는 희망 하나를 품고 내가 줄곧 바른 태도를 유지했다는 것뿐이다. 개중에 몇 가지 일반적인 사항만 짧게 언급해 보려 한다. 나는 이 일들을 담대하게 공개하기로 결정했지만, 그럼에도 나의 내면에서는 이야기를 다루는 데 있어 다각도로 각별히 주의해야 한다고 경고하는 목소리가 끊임없이 들려오고 있다.

그 무렵, 처음에 출현했던 혼령들(Geister)에게 큰 변화가 일어났다는 사실이 점점 더 명확히 드러났다. 그때까지만 해도 고트리빈의 몸속으로 빈번하게 되돌아왔던 혼령들 가운데 대부분은 그들이 한번 사라지고 나면 더 이상 고트리빈 앞에 모습을 나타내지 않았었다. 그런데 고트리빈은 내가 교회 설교 강단에 서 있을 때, 그것들이 끔찍한 형태로 나의 주변을 에워싼 채 내게 해를 입히려고 온갖 노력을 다하는 것을 보았다고 말했다. 고트리빈이 나를 걱정해서 오랫동안 그 일에 대해 함구해 왔기 때문에 나는 최근까지도 그 사실을 모르고 있었다. 그렇기에 설교 시간에 누가 방해하는 느낌을 받았는지 아닌지에 대해서 무어라 증언할 수가 없다. 실제로 뭔가를 느꼈다고 해도 그녀의 진술을 확인해 줄 만한 정도는 아니었다. 게다가 나는 설교 시간 동안 약해졌다기보다 오히려 강해졌으니 이 이야기는 그만하도록 하겠다.

그렇게 지속적으로 출몰했던 다른 혼령들에게 어떤 운명이 닥쳐올지는 아직 결정되지 않은 것처럼 보였다. 주목할 만한 지점은 처음부터 고트리빈 디투스는 그녀가 잠들거나 정상적으로 깨어 있을 때 그녀의 신상을 알고 있는 혼령 무리와 자신이 함께 있다는 것을 대체로 인지하고 있었다는 사실이다. 그러나 나와 그 혼령들 사이에 벌어지는 투쟁에 대해서는 전혀 몰랐다. 덧붙여 그녀는 침실 방에서 혼령들이 떠나갈 때마다 그것들을 잠시 바라볼 수도 있었다. 그녀의 기억에 따르면 마지막 즈음에 출몰하는 혼령은 다른 혼령들의 우두머리였다. 그는 항상 자신에게 혼을 판 자들의 이름을 기록해 놓은 기괴한 책 한 권을 들고 나타났고, 무척 이상한 장식이 달린 오랜 과거 시대의 값비싼 옷을 입고 있었다고 한다.

이처럼 고트리빈에게 나타났던 악령들은 각자 성향별로 매우 다양하고 색다른 모습을 하고 있었다. 고트리빈의 눈에 그들 중 일부는 언제나 분노와 증오로 가득 차 있었고 자신들에게 가해지는 하나님의 말씀 공격에 맞설 자구책을 구하고자 서로 의논하는 것처럼 보였다. 그런데 그 외 악령들은 이들에게 강압적으로 붙잡혀 있는 것 같았단다. 이러한 차이는 그녀의 몸을 통해 말하는 악령들 사이에서도 나타났다. 일부는 극히 무례하고 완고했으며 나에 대한 증오로 가득했다. 가끔은 기록해 둘 만한 가치가 있는 말까지 내뱉었다. 그들은 지옥의 심연이 가까이 다가왔음을 느끼고 있었고 그 앞에서 공포에 떨며, 예를 들어 내게 이렇게 말했다.

"네놈은 우리의 철천지원수다. 우리도 네놈의 원수일 수밖에 없다. 우리 소원대로 네놈을 처치해 버릴 수만 있다면 얼마나 좋을까!"

그리고 이어 말했다.

"하아, 하늘에 하나님이 없다면 얼마나 좋을까!"

그러면서도 자신들이 멸망에 이르게 된 모든 책임은 그들 스스로에게 있다고 말했다. 그중 한 악령의 거동은 정말 끔찍했다. 그는 이전에 고트리빈이 자택에서 목격했던 악령 가운데 하나였고, 이제는 거짓 증언하는 자로 나타났다. 그는 고트리빈의 집 처마 창틀에 적혀 있는 다음 문구를 반복해서 외쳤다.

"아, 인간아, 영원을 깊이 생각하라.
은혜의 때를 소홀히 흘려보내지 말아라.
이제 심판이 멀지 않음이라!"

그다음 그 악령은 얼굴을 험상궂게 찡그리고 손가락 세 개를 높이 치켜든 후, 갑자기 온몸을 부들부들 떨며 "으으억!" 하고 신음했다. 이와 비슷한 광경이 고트리빈의 몸을 통해 자주 펼쳐졌는데, 나는 많은 사람에게 이를 보여 주고 싶다는 생각을 했다. 주로 1842년 8월부터 1843년 2월까지, 그 이후에도 자주 모습을 나타냈던 수많은 악령들은 대부분 말할 수 없이 애타게 사탄의 강한 압제로부터 풀려나기를 갈망했다. 그 과정에서 그것들은 많은 종류의 언어들을 기괴한 억양으로 말했는데, 대부분 내가 아는 유럽어와는 비교할 수 없을 정도로 생소한 언어들이었다. 그러나 억양으로 미루어 보아 한 번쯤은 이탈리아어를 말한 것이 확실했고, 어쩔 때는 프랑스어를 말해서 나도 듣고 이해할 수 있었다. 가끔은 독일어로 말하려는 시도도 했다. 그것은 독일인인 내가 듣기에 괴상하고 우스꽝스러운 문장이었다. 특히 독일어 표현 방법을 정확하게 알지 못해서인지 이상한 개념을 사용해 억지로 문장을 표현했다.

그런데 두 개체의 악령이 각각 떠들어 대는 중간중간, 양쪽에게서 나올 수 없다고 생각되는 말들이 들려오기도 했다. 왜 그렇게 생각했냐면 그 목소리는 보다 높은 영역으로부터 들려오는 것인 양 소리가 울렸기 때문이다. 그 말들 가운데 자주 인용되던 성경 말씀이 있었다.

> "이 묵시는 정한 때가 있나니 그 종말이 속히 이르겠고 결코 거짓되지 아니하리라. 비록 더딜지라도 기다리라. 지체되지 않고 반드시 응하리라. 보라 그의 마음은 교만하며 그 속에서 정직하지 못하나 의인은 그의 믿음으로 말미암아 살리라" 합 2:3-4

높은 곳에서 악령들을 향해 외치는 듯 깊게 울리는 그 음성은 이후로도 몇 번 더 들려왔다. 그때도 역시나 성경 구절이 들려왔는데, 나는 오랫동안 그 출처를 찾아내지 못하다가 마침내 「예레미야」 3장 25절에서 해당 내용을 발견했다. 본문은 "우리"(Wir)인데, 그 목소리에서는 "너희"(Ihr)로 바뀌어 들려왔던 탓에 쉽게 알아채지 못한 것이다.

> "'너희'는 수치 중에 눕겠고 '너희'의 치욕이 '너희'를 덮을 것이니 이는 '너희'와 '너희' 조상들이 청년의 때로부터 오늘까지 '너희' 하나님 여호와께 범죄하여 '너희' 하나님 여호와의 목소리에 순종하지 아니하였음이라"

위에서 들려온 이 구절과 다른 성경 말씀들을 나는 한동안 제대로 이해하지 못했지만, 그것들을 예전보다 더 많이 묵상하며 점차 이에 깊은 의미를 부여하게 되었다. 하나의 투쟁이 끝날 때 악령들 사이로 간혹 들려오는 그 성경 말씀들은 마치 위로부터 주어져 나를 강하게 만들고 위로하는 것 같았다. 내가 몸소 경험한 하나님의 큰 보호와 구원을 뒤돌아볼 때면, 언제나 마음속 깊은 곳에서 우러나는 진실된 감사를 드리게 된다.

그런 중에도 잔인한 장면들은 계속해서 등장했다. 고트리빈은 끊임없이 고통을 당했다. 예를 들어 그녀의 몸은 자주 비정상적으로 부풀어 올랐고, 대야에 한가득 물을 토해 내기도 했다. 이따금 방문했던 의사도 그 많은 물이 어디서 왔는지 당최 알 길이 없어 이를 수수께끼처럼 여겼다. 그녀는 자주 머리를 얻어맞거나 옆구리를 걷어채었고, 그 탓에 코피를 심하게 흘리거나 피를 토해 냈으며 화장실에 갈 수 없는 고통을 겪었다. 그녀에게 일어난 이 모든 기괴한 일들은 이제 막바지에 이르러, 그녀의 생명을 앗아 가려는 단계에 접어든 것처럼 보였다. 그러나 우리가 기도와 믿음에 의지했기에 결국 무엇도 그녀에게 중한 해를 끼치지 못하고 격퇴되었다.

그 당시에 자유를 애타게 갈망하던 악령들에 대해 몇 가지 특이 사항을 덧붙여 말하려고 한다. 나는 오랫동안 악령들이 고트리빈의 몸을 통해 말하는 것에 전혀 귀를 기울이지 않았다. 그러나 고트리빈의 얼굴에 나타나는 그들의 고통스러운 표정, 간절히 애원하듯 치켜드는 손과 쉼 없이 격하게 흐르며 쏟아지는 눈물을 보았을 때, 그리고 절망과 공포와 간청이 뒤섞여 돌덩이마저 녹일 만큼 깊이 탄식하는 음성을 들었을 때, 나는 종종 큰 혼란에 빠지곤 했다. 처음에 나는 축사(Erlösungsmanier)라는 방법을 사용하기를 주저했다. 그 방법이 불러일으킬 모든 일에는 항상 위험하고 파멸적인 악령의 속임

수가 있을 거라고 생각했기 때문이다. 또한 그것이 나의 순수한 개신교 신앙에 위배될 수도 있다는 두려움도 있었다. 그럼에도 불구하고 그 방법을 시도하지 않을 수 없었다. 어느 정도 설득에 가망이 있어 보이는 악령들마저도 내가 협박이나 훈계를 하든지 말든지, 좀처럼 고트리빈에게서 떠나려 하지 않았기 때문이다. 지금 와서 기억해 보니, 내가 축사를 시도했던 첫 번째 악령은 이 모든 소동의 원인으로 여겨지는 바로 그 여인- 카타리나 크리스티안네 바이스 -이었다. 그녀는 고트리빈 디투스의 인격 속에 재차 나타나 자신은 마귀(Teufel)가 아니라 주님의 소유가 되기를 원한다며 단호하고도 확실하게 외쳤다. 또한 지금까지 나의 투쟁이 영들의 세계(靈界, Geisterwelt)에 얼마나 많은 변화를 일으켰는지 말해 주기까지 했다. 그녀는 내가 오직 하나님의 말씀과 기도만을 붙들고 의지한 것을 두고 운이 좋았다고 말했다. 만일 기도와 말씀이 아닌 다른 것을 시도했거나 악령들이 나를 자극해서 유인하려 했던 수단, 곧 여러 면에서 은밀히 작용한다고 사람들 사이에 알려진 민간요법에 의존했다면 결국 패배했을 것이라고 말이다. 이어서 그녀는 의미심장한 몸짓으로 손가락을 치켜세우며 결론을 내리듯 이렇게 말했다.

"당신이 감행한 투쟁은 정말 끔찍한 일이었지요!"

그다음 그녀는 자신이 우상숭배와 주술 요법, 마법을 행하다가 아무것도 모른 채 마귀의 지배에 걸려들었다고 말했다.

그러고는 그 압제로부터 완전히 풀려나 어디라도 쉴 곳을 찾을 수 있도록 기도해 달라고 내게 끈질기게 간청했다. 나는 살아 있을 당시의 그녀를 잘 알고 있었다. 그녀는 살아생전 하나님의 말씀과 위로를 무척 갈망했다. 그녀가 한 주도 빼먹지 않고 두세 번씩 나의 집에 찾아왔기에 알 수 있는 사실이었다. 그때 그녀는 특히 "안식이 최고의 자산이다"라는 찬송을 불러 달라고 내게 애타게 요청했었다. 이러한 생전의 기억 때문에 지금은 죽어 혼령이 된 그녀가 안타까워 마음이 찢어질 듯했지만, 내면으로는 흔들리지 않은 채 주님을 바라보며 그녀에게 이렇게 물었다.

"그래서 너는 어디로 가고 싶으냐?"

"난 목사님의 집에 있고 싶어요."

그녀가 대답했다. 나는 소스라치게 놀라서 말했다.

"그건 절대 안 돼!"

계속해서 그녀는 이렇게 말했다.

"그러면 교회로 들어가면 안 될까요?"

나는 정신을 바짝 차려 생각해 본 후 대답했다.

"만일 네가 아무에게도 해를 입히지 않고, 네 모습을 교회에 드러내 사람들 앞에 나타나지 않겠다고 약속한다면, 오직 예수님이 이 일을 네게 허락하신다는 전제하에 나도 반대하지 않겠다."

이 말로 나는 큰 모험을 감행한 셈이었지만, 그분 앞에서 오만불손한 죄를 저지르고 있다는 느낌은 받지 않았다. 나는 주님을 믿었다. 그분께서 모든 일을 바르게 인도하실 것이다. 내 제안에 그녀는 만족했고 제일 구석진 모퉁이 자리에 앉겠다고 말하며 순순히 자발적으로 떠나가는 듯 보였다. 나는 고트리빈에게 이 모든 일에 관해 아무것도 말하지 않았다. 그런데도 고트리빈은 교회 예배 시간에 그 여인이 내게 말했던 바로 그 자리에 앉아 있는 것을 보고 소스라치게 놀랐다고 했다. 그러나 다른 사람들은 이 일을 전혀 인지하지 못했고, 그날 이후 그녀가 고트리빈 앞에 나타나는 현상은 멈추었다.

계속 이어진 투쟁 끝에 상황은 점차 변화해 갔다. 생전에 우상숭배와 마술을 행한 탓에, 지금까지도 마귀에게 사로잡혀 있다고 자백한 다른 혼령들도 만약 마귀에게 매이지 않았다면 자기들은 여전히 구세주께 대한 사랑을 품고 있었을 것이라고 말하면서 풀려남과 쉼을 소원했다. 나는 유혹에 걸려 넘어지지 않도록 무척이나 주의하면서, 그리고 주님께 절박하게 기도하면서 도저히 피할 길이 없는 이 일에 조금씩 개입하기 시작했다. 그때 내가 중심으로 삼았던 말씀은 언제나 "오직 예수님이 허락하신다면!"이었다. 그리고 머지않아 하나님의 인도하심이 차츰 드러났다. 물론 모든 혼령들이 각기 간구했던 곳을 향해 떠나갈 수 있었던 것은 아니다. 대부분의 혼령들은 오로지 하나님의 자유로운 긍휼에 의지하며, 갈 바를 알지 못한 채 무작정 떠나야 했다.

나는 이 보고서에 이 이상으로 미묘한 문제에 대해서는 더 이상 말하지 않으려고 한다. 하지만 꼭 밝혀 두고 싶은 한 가지는 그 과정에서 어떤 불길한 소동도 벌어지지 않았고, 고트리빈의 상태는 계속 호전되어 갔다는 사실이다. 내 생각에 임시로 쉴 곳을 찾은 혼령들(Geister)은 본성적인 유령들(Spuckgeitser)과 구별되어야 하고, 양자를 혼동해서는 안 될 것 같다.

유령들은 흔히 심판의 정죄 아래에 놓인 형태나 사탄의 권세에 매인 형태로 나타나지만, 혼령들은 그 권세로부터 풀려난 상태였다. 내가 겪은 여러 경험에 근거해 많은 것을 말할 수도 있으나 자제하겠다. 특별한 관심을 가질 필요가 없는 일임에도 남들을 시험에 들게 할 수 있고, 무엇보다도 그에 대한 뚜렷한 성경적 근거가 없기 때문이다. 하지만 매우 흥미로웠던 사건 하나를 언급하지 않고 지나치기는 어렵다.

어떤 혼령이 앞선 죽은 여인의 혼령과 비슷하게 교회로 들어갈 수 있게 해 달라고 내게 간청했다. 나는 항상 말하던 것을 말했다.

"오직 예수님이 허락하신다면!"

잠시 후 그 혼령은 절망적인 울음을 터뜨리며 이렇게 외쳤다.

"하나님은 과부와 고아들을 위한 재판관이시다!"

아니, 그렇게 외치는 음성을 그가 듣는 것 같기도 했다. 그러고는 교회로 들어가는 것이 자기에게 허용되지 않았다고 말했다. 나는 이렇게 대답했다.

"네게 가야 할 길을 보이는 분은 주님이시고 그것이 나의 권한이 아니라는 것을 너는 잘 알지 않느냐? 주님이 네게 지시하신 길로 떠나라!"

그러나 그 혼령은 이렇게 말했다.

"당신의 집으로 들어가면 안 될까요?"

이 부탁은 다시금 나를 놀라게 했다. 물론 아내와 아이들을 생각해서라도 그 부탁에 응하고 싶지 않았지만, 내가 정말 우려했던 것은 마치 그런 희생의 짐을 기꺼이 짊어질 수 있다는 나의 과시욕이 끝내 나를 유혹에 빠뜨리는 함정이 될 수도 있다는 점이었다. 나는 이렇게 대답했다.

"만일 네가 아무도 불안에 떨게 하지 않고, 오직 예수님이 네게 그것을 허락하신다면!"

갑자기 나는 고트리빈의 입에서 마치 높은 곳으로부터 들려오는 듯한 외침 소리를 들었다.

"지붕 아래 다락방은 안 된다! 하나님은 과부와 고아들을 위한 재판관이시다!"

그 혼령은 다시 울기 시작하는 것 같았다. 그러더니 그렇다면 나의 집 뜰에라도 들어가게 해 달라고 간청했는데, 아마도 이것은 허락받은 듯 보였다. 알고 보니 그 혼령은 과거 어느 때 죄를 저질러 고아들을 지붕 밑 다락방으로 쫓겨나게 만든 적이 있었던 모양이었다.

이런 식으로 계속해서 몇 주가 흘러갔다. 어떠한 혼령에게 한번 쉴 곳이 허락되면 그는 다시 돌아오지 않았다. 혼령들은 대체로 자기 이름을 공공연히 말하며 생전에 누구였는지를 밝혔는데, 특히 내가 여기서 목회를 시작한 이후 내 관할구역에서 사망한 사람이었다면 더욱 그랬다. 다른 혼령들은 자신들이 떠나온 장소만 언급하기도 했다. 그곳이 수백 킬로미터가 떨어진 먼 곳일 때도 있었고, 몇몇은 미주美洲에서 왔다고도 했다. 혼령들의 말을 어디까지 사실로 받아들여야 할지에 대해서는 열려 있는 문제로 남겨 둔다. 다만 나는 이제 그 혼령들과 멀어질 수 있다는 사실이 몹시 기뻤다. 여기서 확실히 밝혀 두어야 할 것은 지금까지 서술한 일들이 '연옥의 교리'나 '죽은 자들을 위한 기도의 교리'를 확증해 주지는 않는다는 점이다. 나는 모든 사람에게 후자의 교리가 극도로 위험한 것이라고 매우 심각하게 경고하고 싶다. 그런 잘못된 기도는 보이지 않는 세계로부터 매우 해로운 영향을 초래하기 때문이다.

이미 분명히 드러났지만, 내 입장에서도 침묵할 수 없는 몇 가지 사실을 대략 요약해서 전하려고 한다. 앞서 서술한 사건들과 이후 일어난 일들을 통해 내가 알게 된 것은 우리 시대가 '악'Übel으로 인해 고통당하고 있다는 사실이다. 악은 사람들이 알아차리지 못해 심각하게 여기지 않는 사이, 몰래 구멍을 뚫는 벌레처럼 개신교회를 포함한 기독교 전체를 서서히 갉아먹었다. 그 벌레를 감히 말하자면 바로 우상숭배의 죄로, 그것은 단계적으로 온갖 마법과 완전한 흑마술로 변했다. 여러 차례 투쟁을 겪으며 이런 혐오스러운 행위들에 대한 근원적인 정보가 내게 확실히 주어졌다.

우상숭배는 어떤 보이지 않는 초자연적인 힘을 신뢰하는 모든 행위를 가리킨다. 사람들은 그런 힘에 의지해서 건강, 명예, 경제적 이득, 쾌락 등을 얻으려고 애쓰나, 그 힘은 하나님의 순전한 권능이 아니다. 겉으로 경건해 보여도 하나님의 말씀들을 미신적 행위에 사용하는 모든 행위, 특히 가장 높고 거룩하신 이름을 함부로 들먹이는 행위는 우상숭배일 뿐이다. 왜냐하면 그런 행위들은 참 하나님을 믿는 살아 있는 믿음은 물론, 하나님의 존귀하심과 영광마저도 우스꽝스런 것으로 격하시켜 버리기 때문이다. 모든 종류의 주술 요법이 이에 속한다. 그러나 높은 지위의 사람들부터 낮은 자들에 이르기까지 점점 더 확고히 그 영향력을 인정하는 바람에 주술 요법은 일상적인 삶 속에서 무절제하게 사용되고 있다. 그리고 거의 모든 사람이 겉으로 아무 잘못이 없다고 오판하고 있다. 그들이 깨닫지 못한 사실은 하나님의 이름과 능력을 무분별하게 비하하는 것이 그분으로부터 크게 멀어지는 타락 행위라는 점이다. 그들은 우상숭배에 작용하는 보이지 않는 힘의 정체가 도대체 무엇일지에 대해서는 전혀 생각하지 않는다. 덧붙여 이 보고서에서 건너 뛴 다른 많은 행위로도 사람들은 즉각 작용해 오는 어떤 자연적인 힘에 의존한다. 그 결과, 보이지 않는 힘을 믿는 잘못된 신앙은 하나님으로부터 돌아서고 이내 일종의 자연정신(Naturgeist)을 향하게 된다. 그럼 결국 그 사람은 구약성서가 말하는 것처럼 자기 영광을 그 누구에게도 넘겨주지 않으시고자 질투하시는 하나님의 눈앞에서 우상숭배자로 전락하고 만다. 즉각 효력이 나타나는 어떠한 보이지 않는 힘의 도움을 원하는 사람들은 도대체 왜 기도를 통해 그 힘 자체이신 분께 의지하려고 하지 않을까? 특히 우상숭배 중에서도 이른바 전이술轉移術(Transplantation)이라고 부르는 것은 더더욱 의지해서는 안 된다. 전이술은 온갖 종류의 조작 기법을 통해 고통이나 질병을 나무나 동물들에게 전가轉嫁하려는 시도를 가리킨다. 그 기법에는 공식적인 절차가 있는 것도 있고, 일정한 형식이 없는 것도 있다.

나는 이 모든 우상숭배 행위들이 마지막에 얼마나 끔찍한 결과들을 불러오게 되는지를 점차 배우며 깨닫게 되었다. 처음에는 한 인간이 어두운 사탄적인 권세에 약하거나 강하게 매이는 것으로 시작된다. 우상숭배 행위로 인해 한번 악령이 불려오면 그는 그때부터 행위자에게 실제적인 영향력을 행사할 수 있게 된다. 그 작용은 신체에 해를 입히는 것이라서 갖은 종류의 신경질환, 경련, 통풍 및 기타 질환을 초래할 수 있다. 이 경우에는 의사조차 처방을 내릴 수 없을 때가 많다. 또한 심리적으로도 영향을 끼칠 수 있어서 침울함이나 우울증이 생기게 하거나 조야한 정욕을 일으켜 호색, 술 취함, 탐욕, 질투, 분노, 복수심 등과 같은 충동의 짐을 지우는데, 그 사람은 이런 충동을 절대 혼자서 다스릴 수가 없다. 바울은 「로마서」에서 영원히 소멸하지 않는 하나님의 영광을 온갖 어리석은 것으로 바꿔버리는 우상숭배의 결과에 대해 말했다. 바울이 말한 그 결과가 글자 그대로 오늘날 우리 기독교인들의 우상숭배 행위 안에서 성취되고 있다. 기독교인들도 의미 없는 주문을 믿는 경우가 있다. 어떤 날과 어떤 시간이 좋다는 식의 비밀 문구와 문양을 적고, 그 표식을 마치 아프리카인들이 부적을 몸에 걸치듯 자기 몸에 붙이고 다니거나 심지어 삼키기까지 한다. 몇 가지 행위들은 너무 혐오스러워 여기서 언급하기도 민망할 정도다. 우상숭배의 또 다른 결과는 진리의 말씀에 무감각해지는 것이다. 이것은 죄에 대한 무관심, 고상한 감성과 생각에 둔감

해지는 것, 현세를 버리고 영원한 세계로 도피하여 얻는 안주 등으로 이어진다. 그러나 현실은 그와 반대로 펼쳐진다. 그런 사람에게는 환난을 겪는 중에 마음의 위로가 없다. 즉 양심의 가책에서 느낄 수 있는 복음의 기쁨이 확고히 뿌리내리지 못한다. 위에 나열한 우상숭배 행위의 실상을 제대로 깨닫지 못하고 회개하지 않는 사람에게 닥쳐오는 가장 슬픈 결과는 죽음 이후에 일어난다. 바로 그 두렵고 떨리는 결과를 내가 이번 투쟁에서 여러 형태로 명명백백히 경험한 것이다. 우상숭배를 행한 이는 스스로 어둠의 권세에 속박되고, 그 속박은 죽음 이후에도 풀리지 않는다. 스스로 하늘의 기쁨을 누릴 만큼 성숙해 있다고 믿었던 사람이 죽음 이후에 타락한 자로서 원수에게 굳게 사로잡히고 마는 것이다. 그리고 그들은 육체의 죽음 이후에 여러 살아 있는 사람들을 괴롭히려는 마귀에게 봉사하도록 강요받는데, 각각 매인 강도에 따라 그 강제력은 다르며 자기 의지로는 그 힘에 저항하지 못한다. 이에 대해서는 더 이상 말하지 않겠다. 이런 비밀스런 일들에 관해 어느 정도라도 구체적으로 진술하는 것은 매우 어렵고 위험한 일이기 때문이다.

제5부

원격 투시

이렇게 많은 일들을 경험하는 가운데 어느덧 1843년 2월 8일이 다가왔다. 그날 고트리빈은 하루 종일 의식을 잃은 채 침대에 누워 있었지만, 건강을 크게 염려할 정도는 아니었다. 그녀는 얼핏 보면 휴식을 취하는 것처럼 보였다. 그러나 실상 그녀의 영(Geist)은 여러 차례 멀리 떨어진 타 지역으로 이동했던 것으로 여겨진다. 여기서 나는 그녀가 이후에 설명해 준 그대로를 전하려고 한다.

고트리빈은 누군가 그녀를 이끌어, 들판과 바다 너머 지표면 위로 둥둥 뜬 채 놀라운 속도로 날게 하는 것 같았다고 말했다. 그녀는 다양한 지방과 도시들의 상공을 가로질러 날아갔다. 그 과정에서 바다를 건너는 어느 배 한 척의 곁을 지나갔는데, 그 배에 탑승한 선원들의 면면이 뚜렷이 보였으며 그들이 나누는 대화를 듣고 이해할 수도 있었다. 그다음 여러 섬들이 모여 있는 곳으로 간 그녀는 이 섬에서 저 섬으로 떠다니다 마침내 높은 산에 도착해 그 산의 정상에 섰다. 다양한 세부 정보를 듣고 난 후에 나는 그곳이 서부 인도라고 추정했다. 그녀의 말에 따르면 산꼭대기에는 크고 넓은 분화구가 있었고, 그 안에서 연기가 치솟으며 불꽃이 튀고 있었다. 곧 그녀가 서 있는 주변으로 번개가 심하게 내리쳤다. 천둥소리가 우르릉거렸고 땅이 흔들렸다. 그녀의 발아래 산기슭에는 큰 재난이 닥쳐 있었다. 도시와 마을이 전부 뒤엎어졌으며 곳곳에서 먼지 연기가 자욱하게 피어오르고 있었다. 바다에는 크고 작은 선박들이 표류했고, 그중 많은 것이 바다 속으로 가라앉고 있었다. 이러한 끔찍한 장면의 한가운데서 여태껏 그녀를 지독히도 괴롭혀 왔던 악령들(Dämonen)이 등장했다. 그들 중 가장 악한 자, 곧 큰 책을 들고 있는 악령이 먼저 끔찍하게 포효하고 울부짖으며 깊은 심연으로 굴러 떨어졌다. 그러자 수천의 다른 악령들이 고트리빈도 함께 끌고 들어가려는 듯이 그녀에게 덤벼들었지만 곧 첫 번째 악령의 뒤를 따라 심연으로 굴러 떨어졌다. 이 모든 장면이 눈앞에서 지나간 후, 고트리빈은 앞서 날아갔던 것과 똑같은 방법으로 되돌아왔다. 그녀는 깨어나서 매우 놀랐지만 비교적 건강 상태는 양호했다.

물론 그녀가 이렇게 이야기한 것에 대해 내가 나서서 사실이라고 보증해 줄 수는 없다. 그러나 며칠 지나지 않아 신문에 2월 8일 서인도 제도에서 일어난 끔찍한 지진에 대한 보도가 실렸다. 나는 크게 놀라며 충격을 받았다. 당시 인도에서 선교 사역 중이었던 독일 형제회가 그해 3월호 소식지에 묘사해 놓은 지진 상황 가운데 한 부분을 내가 선교사들을 위한 기도 모임에서 읽어 주었는데, 고트리빈은 그 내용을 듣고(!) 자신이 영혼으로서(im Geiste) 날아가 보았던 장면들을 되새기고는 깊은 생각에 잠겼다고 말했다. 그날 이후로 그녀는 교회 안에서 잡다한 혼령들(Geistern)이 더 이상 내 주변을 둘러싸지 않게 된 것을 볼 수 있었다. 이러한 탈자아적 유체이탈 현상은 그 후로 두 번 더 있었다. 그때는 아시아까지 날아간 것으로 보였고, 그 중 한 번은 지금까지 속박되어 있었던 800개체가 넘는 악령들이 풀려나는 장면이 그녀 앞에 펼쳐졌다.

고트리빈이 보았던 지진의 환상이 이곳 뫼틀링엔에서 벌어진 투쟁과 관련이 있어 보이듯, 마을 주변에서 벌어진 몇 가지 기상 현상들도 우리의 투쟁과 얽혀 있다는 생각이 들었다. 그렇게 생각할 수밖에 없었다.

악령들은 1842년의 가뭄과 1843년의 장마도 언급했다. 무엇보다도 나를 경악하게 한 것은 1842년 빈번하게 일어난 도심 화재(악령들은 36회라고 말했다)가 악령들이 직접 개입해 일으킨 것이라는 진술이었다. 특히 탐욕에 가득 찬 악령 하나가 고트리빈을 통해 모습을 드러낸 후 자기가 직접 함부르크에 불을 질렀노라고 말했다. 무엇 때문에 그런 짓을 하느냐는 나의 물음에 한편으로 "쾌락 때문이지!"라는 짧은 대답이 있었고, 다른 한편으로 다음과 같은 암시를 주었다.

사탄은 자신이 도구로 삼아 왔던 수많은 꼭두각시 마술사들을 하나님께 빼앗기게 되었다는 것을 알아차리자 곧장 새로운 수족을 만들기 시작했다. 그 방법이란 바로 수천 명의 사람들을 불행에 빠뜨리는 것이었다. 그렇게 불행에 빠진 사람들은 쉽게 사탄에게 충성을 맹세하게 되며, 경우에 따라서는 피 흘리는 일도 주저하지 않게 된다는 것이다. "그리고"라는 말과 함께 악령은 단숨에 이어서 대답했다.

"물론 사탄은 그 작업에 성공했지."

이 지역 전체, 특히 나의 집을 불살라 버리겠다는 악령들의 위협을 들어야 했던 것은 정말 두렵고 끔찍한 경험이었다. 악령들은 자주 흉측한 표정을 지으며 나를 향해 빈정거렸다.

"피든지, 아니면 불이든지!"

유달리 힘든 투쟁이 이어지던 어느 날 밤, 또다시 놀라운 사건이 일어났다. 주인 없는 개 한 마리가 마을의 양 떼를 공격한 것이다. 개를 물리칠 힘이 없었던 양들은 한밤중에 공포에 질려 대혼란에 빠졌었다. 그렇게 날이 밝은 다음 날 아침, 나는 커다란 양 두 마리가 물어뜯겨 죽은 채 나의 창문 앞에 놓여 있는 것을 발견했다. 내가 이 사건을 놀랍다고 언급한 것은 악령이 "피! 그것이 비록 양의 피라고 해도!"라고 말하는 것을 들었기 때문이다.

제6부

마법 사건들과 이에 대한 블룸하르트의 설명

지금까지 독자들이 한 번도 들어본 적 없고 도무지 이해할 수도 없을 일들을 많이 말했지만, 이곳에 서술해야 할 두렵고 끔찍한 사건 하나가 여전히 내 앞에 놓여 있다. 나는 아직까지도 뇌리에 남아 있는 이 이야기를 계속 전할 것이며, 이에 최선을 다해 정직한 마음을 지키고자 노력할 것이다. 또한 나는 주님께서 내가 이 사건을 서술할 때, 손을 들어 나를 지켜 주실 것이라 확신한다. 이 모든 일을 이야기하려는 나의 유일한 의도는 모든 어둠의 권세를 이기신 승리자 주님께 영광을 돌려드리기 위함이다.

고트리빈의 질병과 치유에 관한 긴 이야기에서 1843년 2월 8일, 새로운 국면이 시작되었다. 이날 이후부터 나는 다양한 종류의 마법들이 이전보다 더욱 명확히 모습을 드러내는 중요한 현상과 작용들을 관찰할 수 있었다. 소름 끼쳤던 것은 과거에 민간 신앙 속 미신으로 여기고 가볍게 웃어넘겼던 일들이, 전설의 영역에서 튀어나와 나의 현실 속에 실제로 등장했다는 사실이었다. 우선 1843년이 지나가는 동안 마법과 관련되어 일어났던 모든 현상을 요약해서 전달하겠다.

셀 수 없이 많은 물건이 고트리빈의 **몸속으로 몰래 들어가는** 마법(Hineingezaubert)- 그간 일어났던 모든 사건들을 동시에 아우를 수 있는 유일한 단어는 이것뿐인 것 같다 —이 발생했다. 더욱이 몸속에 들어간 것들은 전부 그녀를 이 세상에서 제거해 버리려는 목적을 지닌 물건들처럼 보였다. 처음에 그녀는 모래와 작은 유리조각들을 토해 냈다. 그 후 점차 여러 종류의 금속조각, 예를 들어 널빤지에 박는 녹슬고 구부러진 못들이 그녀의 목에서 나왔다. 한번은 오랫동안 질식한 뒤로 내 눈앞에서 12개의 못을 토하기도 했다. 못들은 그녀 앞에 놓아두었던 세숫대야 위에 차례로 떨어졌다. 구두에 달린 크고 작은 버클*을 토해 낸 적도 있었는데, 그중 어떤 것은 너무 커서 도대체 어떻게 그녀의 목에서 나올 수 있었는지 상상조차 할 수 없을 정도였다. 그렇게 크고 넓은 모양의 쇳조각을 토할 때면 그녀는 잠시 숨이 멈추어 몇 분 동안 죽은 것처럼 누워 있었다.

또한 수많은 핀, 바늘, 뜨개질바늘들이 고트리빈의 목에서 나왔다. 때때로 여러 개가 종이에 싸이거나 깃털 실에 묶여 한꺼번에 나오기도 했는데, 하나씩 나올 때는 아주 힘든 과정을 거쳐야 했다. 뜨개질바늘이 한쪽 귀에서 반대쪽 귀로 마치 팽팽하게 머리를 관통하고 있는 것처럼 보였던 때도 여러 번 있었고, 손가락 길이의 바늘이 귀에서 나온 적도 있었다. 한번은 내가 그녀의 머리에 손을 얹고 안수기도를 하던 중에 그녀의 머

---

*   구두를 발 크기에 맞게 죄는 쇳조각이다. - 역주

릿속에서 바늘이 부러지거나 뒤틀려 휘어지는 것을 느꼈다. 나는 심지어 그 소리까지도 들을 수 있었다. 일부는 강철 소재의 바늘이었는데 천천히 작은 조각으로 쪼개져 목구멍을 천천히 지나 입으로 나왔고, 일부는 쉽게 구부릴 수 있는 연금속 철사 재질이어서 서너 번 접힌 채로 그녀의 목을 통해 통째로 몸 밖에 나왔다.

그녀는 코에서 많은 핀을 끄집어내기도 했다. 어떤 것은 그녀의 콧속에서 코뼈를 관통한 채 위에서 아래로 박혀 있다는 느낌이 들었는데, 뾰족한 부분이 천천히 바깥을 향하며 아래로 밀려 나와 떨어졌다. 한번은 그녀의 코에서 그런 바늘이 15개나 격렬하고 거칠게 쏟아지는 바람에 그 앞에 펼치고 있던 고트리빈의 손에 모두 꽂히기도 했다.

어느 날 그녀는 심한 두통을 호소했다. 내가 안수기도를 위해 손을 얹자 반짝이는 흰 점이 그녀의 두피에 온통 퍼져 있는 것이 보였다. 알고 보니 그것은 12개의 핀이었고 아랫부분은 피부 속에 깊이 박혀 있었다. 내가 그것을 하나씩 뽑아낼 때마다 그녀는 고통스럽게 몸을 떨었다. 그녀의 눈언저리에서 바늘 핀을 두 개, 이어서 네 개를 끄집어낸 적도 있었다. 이것들은 눈꺼풀 아래서 한참을 이리저리 움직이다가 마침내 피부 위로 약간 돌출되어 비교적 부드럽게 뽑아낼 수 있었다.

나는 그녀의 위턱과 아래턱 곳곳에서 많은 양의 뜨개질바늘을 끄집어내기도 했다. 그 과정에서 고트리빈은 결코 경험해보지 못한 엄청난 통증을 느꼈다고 했다. 처음에는 턱을 한참 동안 살펴봐도 아무것도 보이지 않다가 갑자기 손끝에 바늘 가장자리가 느껴졌다. 곧 그 끝부분이 점점 더 표면으로 밀려 나왔고, 이내 그 끝을 붙잡을 수 있게 되었지만 그것을 완전히 끄집어내기까지 몹시 힘든 수고를 견뎌야 했다.

손가락 길이의 녹슨 철사 두 줄이 혓속에 나타나기도 했는데, 이것들 역시 완전히 뽑아내기까지 오랜 시간을 공들여 힘들게 애써야 했다. 더 나아가 여러 겹으로 구부러진 두 개의 긴 철사 줄이 온몸의 피부 아래에 감겨 있던 적도 있었다. 나와 내 아내가 그것을 피부 밖으로 완전히 꺼내는 데 거의 한 시간이 걸렸으며, 그때 고트리빈은 이전에도 그랬듯이 몇 번씩이나 졸도했다.

그 외에 이런 일도 있었다. 뜨개질바늘이 상체의 모든 부분에서 불규칙한 시간 간격을 두고 통째로 또는 절반씩 여러 차례 튀어나왔다. 우리가 개수를 세어 보니 최소 서른 개가 넘었다. 그것들 중 일부는 사선으로 삐져나왔고 일부는 수직으로 나왔는데, 후자의 경우 명치 중앙에서 튀어나온 적도 자주 있었다. 바늘이 이미 반쯤 몸 밖으로 돌출되어 있을 때도, 나머지 반을 뽑아내기 위해 나는 거의 30분 동안 심혈을 기울여야 했다. 그 외에도 그녀의 상체에서는 다른 여러 종류의 바늘들,

커다란 유리조각, 작은 돌덩어리가 나왔고, 한번은 긴 쇳조각이 나오기도 했다.

비록 이렇게 서술하기는 했지만 누군가 이 내용을 도저히 믿지 못하겠다고 소리친다 해도, 나는 그를 탓할 생각이 없다. 이 사건들은 이해는커녕 생각조차 어려운 것들로 가득하기 때문이다. 그러나 나는 그 모든 일을 거의 일 년에 걸쳐 목격하고 경험했다. 더구나 그 과정을 언제나 두세 명의 증인과 함께 했고, 그들과 함께 나쁜 소문이 퍼지는 것을 막기 위해 철저히 보안을 지키며 행동했다. 그렇기에 지금 대담하고 자유롭게 이 사건들에 대해 말할 수 있는 것이다. 고트리빈의 성품을 고려해 보아도 이 사건들에 일말의 속임수도 없었고, 또 있을 수도 없다고 확신한다.

그 당시에 내가 그녀로부터 연락을 받거나 불시에 그녀를 방문했을 때마다 무언가 스스로 움직였고, 잠시 후 그녀의 신체 일부분에 마법이 작용하기 시작했다. 그때마다 그녀가 겪는 고통은 극심했고, 항상 그랬듯이 그녀는 정신을 살짝 혹은 완전히 잃곤 했다. 그녀는 보통 이렇게 말했다.

"견딜 수가 없어요. 죽을 것 같아요!"

그 고통은 오직 기도를 통해서만 몰아낼 수 있었다. 그녀가 어딘가 통증이 느껴진다고 호소하기 시작하면 나는 항상 기도

하기 위해 그녀의 머리에 손을 얹었다. 그렇게 믿음 안에서 반복된 긴 경험을 통해 내가 확신할 수 있었던 것은 짧게 소리내어 드렸던 나의 기도가 언제나 곧장 효력을 나타내 직접 체험할 수 있었다는 사실이다. 그때마다 그녀 역시 즉각 자기 몸속의 물체가 움직이거나 회전하며 밖으로 나올 출구를 찾고 있는 것을 느꼈다고 말했다. 보통 물건이 피부를 뚫을 때가 가장 힘들었는데, 우리 모두는 무언가 안에서부터 밖으로 밀어내고 있는 것을 알아챌 수 있었다. 하지만 피는 전혀 흐르지 않았고 상처도 남지 않았다. 우리는 무언가 끄집어내어진 부위를 잠시 동안 육안으로 식별할 수 있을 뿐이었다. 그 모든 일은 순전히 기도와 함께 시작하고 끝을 맺었다. 그러나 내가 자리를 비웠을 때 그녀는 종종 몸속에 들어 있는 물체의 고통을 이기지 못해 스스로 피부를 칼로 베었는데, 그때 입은 상처는 다른 것들과 달리 치유되기 어려울 정도로 깊은 흔적을 남겼다.

그녀의 몸속에서 나온 물체들은 여기서 다 말할 수 없을 정도로 많고 다양했다. 내가 여태껏 직접 눈으로 볼 기회가 없었던 생물이 산 채로 그녀의 입에서 나오기도 했다. 몇 가지만 예로 들자면, 한번은 커다란 메뚜기 네 마리가 나왔는데, 아직 살아 있는 그것들을 풀밭에 내놓으니 풀쩍 뛰어 도망가 버렸다. 6-8마리의 박쥐도 나왔는데, 하나를 때려잡자 나머지는 어디론가 재빨리 기어가 숨어 버렸다. 또 다른 것으로는 거대한 크기의 개구리도 있었다. 고트리빈의 친구가 그녀의 목에서부터 그것을 잡아당겨 끄집어냈다. 끝으로 기괴하게 생긴 뱀 한 마리— 매우 위험한 종류의 독사 —가 나온 적도 있었다. 그것이 도망가는 것을 본 사람은 고트리빈밖에 없었다(그러나 나도 반짝이는 빛을 내며, 침대를 가로질러 황급히 도망치는 줄무늬 모양의 희미한 물체를 얼핏 보았다고 기억한다). 그 독사는 그녀의 입에서 빠져나온 후 즉시 그녀의 목을 물어 상처를 남겼다. 나중에 그녀가 가족들과 함께 식탁에 앉아 있었을 때 그 독사가 다시 그녀의 발을 물었는데, 그 상처가 얼마나 깊었는지 흐르는 피가 멈출 줄을 몰랐다. 목과 발에 난 상처 때문에 그녀는 세 달이 넘도록 통증으로 고생했고, 환부에는 위험한 독이 퍼진 흔적이 뚜렷했다.

긴 투쟁을 묘사한 이 장을 마치기 전에 소름 끼치는 한 가지 사건을 마지막으로 전하려고 한다. 1843년 12월 초에 고트리빈 디투스는 코피가 나기 시작했는데 이 출혈이 좀처럼 그치지를 않았다. 피가 가득 채워진 그릇 하나를 비웠음에도 출혈은 계속되었다. 그렇게 엄청난 양의 피를 쏟고 나서도 어떻게 생명이 유지될 수 있었는지 정말 알 수 없는 일이었다. 매우 특이했던 점은 피에서 독하고 매운 냄새가 났고, 전부 짙은 검은

색으로 보였다는 것이다. 이것은 마법이 일으킨 독극물 중독 현상이었다. 이에 대해서는 나중에 다시 설명하겠다. 이렇게 고통스러운 상황 속에서 고트리빈은 의사를 여러 번 찾았다. 의사가 뭔가 처방을 내리기는 했지만, 그 자신도 처방약의 효력이 있을 것이라고는 거의 희망을 가지지 못했다.

그즈음 어느 날, 나는 오후 1시에 내가 목회하는 옆 교구로 가는 중이었는데, 고트리빈의 집을 지나치는 경로여서 그녀를 짧게 방문하게 되었다. 그녀는 옷을 깔끔하게 입고 있었지만 몹시 지친 상태로 의자에 앉아 있었다. 전날 아침 그 방에 흘렸던 엄청난 핏자국도 깨끗이 지워져 있었다. 그녀는 머리의 이곳저곳을 가리키며, 뭔가 박혀 있는 것 같은데 그것을 빼내지 않으면 죽을 것 같다고 말했다. 내가 그곳을 만져 보았으나 특이한 점은 느낄 수 없었다. 그래서 지금은 발길을 서둘러야 하니 돌아오는 길에 다시 그녀에게 들르기로 했다. 내가 떠난 후 의사인 슈패트 박사가 찾아와 2시간을 머물며 그녀에게서 많은 설명을 들었는데, 그는 그녀의 머리 윗부분에서 실제로 뭔가 딱딱한 것을 더듬어 느낄 수 있었다고 말했다. 그는 어떤 증세가 진행 중임을 직감하고 지켜보려고 했지만, 이웃 마을 지모츠하임Zimmozheim에 출산이 임박한 산모가 있어 급히 그곳으로 가야만 했다. 4시경 나는 다시 그녀의 집 근처에 다다랐는데, 한 사람이 꽁무니에 불이 나게 달려와 빨리 고트리빈에게

가 달라고 알렸다. 나는 급히 그곳으로 향했다. 이미 창문을 통해 그녀를 지켜보고 있었던 많은 사람들이 내게 소리쳤다.

"목사님, 급해요. 큰일 났어요!"

내가 집 안으로 들어서려고 하자, 곧바로 숨 막힐 듯한 피비린내가 풍겨 와 나를 다시 밖으로 내몰려고 했다. 고트리빈은 작은 거실 한가운데 앉아 있었고, 앞에 피와 물로 반쯤 채워진 대야를 두고 있었다. 거실 바닥 전체에 피가 넘쳐 어딘가로 흐르고 있었다. 그녀 자신도 피를 여러 겹 뒤집어쓰고 있어 옷이 어디까지인지 알아볼 수 없을 정도였다. 독자들도 한번 상상해 보라! 양쪽 귀, 양쪽 눈, 코에서 피가 콸콸 흘러나오고 있고, 심지어 머리 꼭대기에서 위로 치솟기까지 했다. 그것은 내가 태어나서 본 광경 중 가장 끔찍한 장면이었다. 사람들은 그 자리에 있는 것을 무서워하면서도 창문을 통해 그 광경을 똑똑히 지켜보고 있었다. 나조차도 한순간 당황하여 어찌할 바를 몰랐다. 그러나 잠시 후 정신을 차린 내가 짧고 깊은 탄식의 기도를 드리자 출혈이 서서히 멈췄다. 나는 옆에 있는 사람에게 거의 알아볼 수 없을 지경이 된 그녀의 얼굴을 씻고 머리를 닦아 달라고 부탁했다. 그때 나는 그녀의 머리에 뭔가 들어 있다는 것을 더듬어 느낄 수 있었다. 그 순간 이마 위 앞머리 속에서 뭔가 움직이는 것을 알아챘다. 그리고 작지만 구부러져 있는 못이 피부를 뚫고 나왔다. 뒷머리 피부 아래서도 뭔가 꿈틀거리며 회전하다가 마침내 구부러진 대못 하나가 눈앞에 모습을 드러냈다. 이때부터 출혈은 완전히 멈췄다.

내가 그날 그 집에 발을 디디는 순간부터 그녀는 이미 혼절한 상태였다. 그 후로도 몇 번 더 혼절이 이어졌지만, 점차 혼절 증상도 견딜 수 있는 몸 상태가 되었다. 저녁 무렵이 되자 그녀는 상당히 호전된 상태로 회복했고 힘도 되찾았다. 만약 그날 일어난 일을 일지日誌로 꼼꼼히 기록할 시간만 있었다면, 이보다 더 많은 것을 빠짐없이 말할 수 있었을 텐데!

위의 사건이 지나간 후에도 나는 계속해서 많은 영적 투쟁을 벌이고 이겨 내야 했다. 그 과정에서 나는 마법의 힘이 어떻게 이런 일들을 실제로 가능케 하는지 궁금했고, 그 특성과 방법에 대해 모든 상상력을 동원해 고민해 보았다. 내가 직접 겪은 사건들에 대해 어떻게든 설명할 길을 찾아야 한다고 느꼈기 때문이다.

당시 자연스럽게 떠오른 생각은 아직 대학의 학문이 명백히 밝혀 내지 못한 물질의 본질에 어떤 비밀이 존재한다는 것이었다. 나는 물질이란 많은 학자들이 이미 파악한 것처럼 원자들의 집합체라고 생각했다. 그러나 다른 한편으로 마법을 부리는 술수, 곧 어둠의 권세가 가르치는 은밀한 방법이 개별 원자들의 강한 결속을 해체할 수 있는 건 아닐까 상상하게 되었다. 그런 마법의 해체 기술이 실행 대상으로 삼은 물체의 본질을 추방하여 알아볼 수 없거나 보이지 않게 만들 수 있고, 더 나아가 그 물체를 다른 물체로, 예를 들어 평범한 음식 등으로 바꿀 수 있을지 모른다고 상상해 보았다. 마법을 부리는 자의 의도에 따라 물체가 해체되었다가 변화를 통해 재건되면서, 우리가 익히 아는 원래의 형태로 돌아오는 것이다.

고트리빈은 어린 시절에 있었던 이와 유사한 사건을 잘 기억하고 있었다. 그녀는 수프나 다른 음식을 먹을 때, 종종 목이나 몸속에서 어떤 이상한 이물감을 느끼곤 했다. 고트리빈은 지금 와서 생각해 보니 그것이 어떠한 마법에 걸리는 징조였던 것 같다고 말했다. 왜냐하면 한번은 남은 그 음식물을 닭에게 주었더니 그 닭이 즉시 이리저리 격렬하게 날뛰다가 이내 목이 졸려 질식한 듯 쓰러져 죽었기 때문이다. 고트리빈이 닭의 머리와 목을 열어 살펴보니 놀랍게도 그 안에는 구두 깁는 데 쓰는 바늘이 수십 개나 꽂혀 있었다. 도대체 그런 낯선 물체들이 어떻게 동물이나 사람의 몸속에, 머리나 상체 속에 들어올 수 있다는 말인가?

고트리빈의 다음과 같은 이야기가 이에 대한 설명에 도움이 될 것 같다. 그녀는 밤중에 다양한 직업과 신분을 가진 사람들이 혼령의 형태로(im Geiste) 자신의 침대 곁에 오는 것을 보았다. 그럴 때면 항상 그랬듯이 그녀는 몸을 전혀 움직일 수 없는 상태가 되었고, 그동안 혼령들은 빵과 비슷한 물체를 그녀의 입 안에 집어넣거나 다른 신체 일부에 문질러 맞닿게 했다. 그러면 그녀는 곧 자기 몸속에 무슨 형태의 변화가 일어나는 것을 느꼈는데, 그 느낌은 나중에 그녀의 몸에서 나온 물체들과 거의 일치했다.

유독 심한 출혈을 일으켰던 크고 작은 못들은 고트리빈이 저녁에 길 한복판에서 만났던 어느 낯선 존재가 특이한 방법으로 그녀의 머릿속에 주입한 것으로 보였다. 그는 검은 성직자 의상을 걸치고 그녀를 기다리고 있었고, 그녀는 조금도 그에게 저항할 수 없었다. 그녀는 그자가 실재하는 존재가 아니라 가시적으로 나타난 혼령이었다고 추측했다. 이 일이 있은 후 즉시 그녀에게서 출혈이 시작되었다.

또 한번은 밤에 남자 세 명이 앞선 방식의 혼령(Geister)으로서 그녀 앞에 서 있었는데, 그들은 독극물이 든 병을 손에 쥐고 있었다. 이번에도 그녀는 몸을 움직일 수가 없었다. 한 사람은 그녀의 입을 강제로 벌렸고, 다른 사람은 그녀의 머리를 붙들었으며, 마지막 사람은 독극물을 입에 부어 넣으려고 했다. 그러나 독극물은 조금밖에 들어가지 않았다. 그러자 그들은 차선책인 양 그녀가 독극물을 머금은 채 질식하도록 턱 밑을 조이며 눌렀지만 독극물의 증기가 코로 뿜어져 나왔다. 덕분에 그녀는 간신히 호흡하며 생명을 건질 수 있었다. 남성 형체의 혼령들은 더 이상 그녀의 무엇도 해칠 수 없다는 것을 알아차리고는 황급히 독극물 병의 액체를 그녀의 머리맡에 붓고 사라졌다. 고트리빈이 아침에 일어나 보니 그녀가 잠잘 때 쓰고 자는 밀짚모자가 고약한 냄새를 풍기는 노란색 액체를 뒤집어쓴 채 마치 누군가 뜯어 먹은 듯 움푹 파여 있었고, 손을 대니 곧 뭉그러져 버렸다.

다른 한때 고트리빈은 자기 방에 앉아 있었는데, 전날 저녁 그녀는 자신의 겉옷을 거실 쪽 문고리에 걸어 놓았었다. 같은 침대에서 고트리빈과 함께 잠을 잤던 그녀의 자매는 그 겉옷 주머니에 뭐가 들어 있는지 잘 알고 있었고, 또한 고트리빈이 침대에서 한 번도 일어나지 않았다는 것도 확실하다고 말했다. 그러나 고트리빈은 그날 밤 어떤 형체가 그녀의 겉옷이 걸린 곳으로 다가가더니 주머니에서 양철로 만든 작은 저금통과 몇 가지 물건을 꺼내 그녀 앞으로 걸어오는 것을 보았다고 했다. 그것은 농사짓는 사람들의 집에 흔히 있는 저금통이었다. 그리고 다음 날 아침, 고트리빈은 아주 심하게 구역질을 하며 동전 낱개와 저금통을 토해 냈다.

이런 모든 일들로 미루어 생각한 끝에 나는 이렇게 결론을 내렸다. 몇몇 사람은 육체를 벗어나 혼령의 형체로 머무는 능력이 있고, 그 상태로 여러 마법을 실행할 수 있다. 물론 그것이

정상적인 의식 상태와 의지로 이루어질 리는 없다. 그러나 물건을 사람의 몸속에 몰래 집어넣다니, 도대체 어떻게 할 수 있는 것일까? 이 일에 대해서는 오직 한 가지 설명만 있을 수 있다. 마법 사건의 도구가 된 물건들 곁에는 언제나 죽은 사람이나 악령(Dämon)이 함께 작용하고 있고, 그들이 능력을 행사해 마법이 걸린 물건들과 함께 누군가의 몸속으로 들어가는 것이다. 이 해석은 마법 사건의 여러 측면을 설명해 주는데, 그중 하나가 악령의 명령으로 발생한 빙의憑依(Besitzung)는 오직 마법 때문에 일어난다는 것이다. 이것은 귀신 들린 사람을 치유해 주는 것도 아니고, 마법의 포로가 된 사람을 해방시켜 주지도 않는다. 그러나 고트리빈의 몸속에 심어진 물건들이 어둠의 세력의 의도대로 그녀를 죽일 수 없었던 것은 하나님의 특별한 보호가 있었음을 보여 준다. 마법 사건이 일어날 때 하나님께서 고트리빈으로 하여금 자기 몸 안에 그런 물건이 들어 있다는 것을 거의 느끼지 못하게 하는 특별한 방식으로 그녀를 보호하셨던 것이다. 그 물건들이 그녀의 몸 밖으로 배출될 때가 되어서야 비로소 그녀는 몸 안에 이상이 있다는 것을 느낄 수 있었다. 어떤 물건은 그녀가 알아채지 못한 채 몸속에 2년씩이나 들어 있었다.

나는 악령이 고트리빈의 주변에서 그 물건들을 지키며 감시하고 있었을 거라고 생각한다. 왜냐하면 물건들이 고트리빈의 몸 밖으로 배출되는 마법의 사건은 주로 내가 그녀와 함께 있을 때 일어났고, 특별히 내가— 그곳에 있지 않았던 때도 —그녀를 위해 기도해야겠다는 감동을 느꼈을 때 일어났으며, 그런 마법의 일이 벌어지기 전후에는 대부분의 경우 악령들도 뒤따라 그녀에게서 떠나갔기 때문이다. 만일 그때 내가 불신앙에 빠져 마법 사건을 해결하는 것은 불가능할 뿐이라고 쉽게 회피했다면, 또한 불가능하게 보이는 그런 일을 오직 기도만이 성취할 수 있다는 것을 믿지 않았다면, 고트리빈은 잘못되어 생명을 잃었으리라 확신한다. 그러나 나는 언제나 모든 일을 나의 구원자께 맡겼고, 그로 인해 나의 믿음이 강해지는 것을 느꼈다. 매일의 삶 속에서 그분을 더 크게 신뢰해야 한다는 생각과 이 투쟁을 통해 마법의 술수를 벌이는 어둠의 세력에게 통렬한 타격을 가해야만 한다는 생각이 나를 극한의 상황에서도 인내할 수 있게 만들었다.

방금 말한 내용은 내가 기괴한 현상들을 경험하고 관찰한 후, 그에 대해 여러 번 거듭 숙고한 뒤에 내린 결론이다. 이제부터 나는 서서히 다가오는 승리의 결말을 상세하게 설명하려고 한다. 이 결말 부분에서 나는 마법 사건의 본질을 깊이 통찰하게 되었고, 큰 확신에 이르게 되었다. 지금까지 서술한 사건들로 미루어 판단한다면, 마법 사건이 발생한 곳에는 언제나 이미 죽은 사람과 아직 살아 있는 사람의 협력 작용이 있다. 예를 들어 앞서 말한 우상숭배에서도 그런 작용이 일어나는데, 이 일은 유감스럽게도 참혹한 결과까지 진척될 수도 있다. 한 인간의 영은 스스로 알지 못하고 깨닫지 못하는 가운데 사탄(Satan)에게 매이게 된다. 이 경우 그 영은— 이는 물론 심리학적 관점으로 보면 수수께끼일 수밖에 없다 —몸을 떠나 있을 수 있고, 이때 그 인간의 자아인 혼(Seele)은 여전히 몸 안에 머무르고 있다. 영의 상태에서 그 사람은 자신과 비슷한 방식으로 속박된 다른 사람들과 교류하게 되는데, 그들 중에는 이미 죽은 자들도 있다. 이들은 살아 있었을 때 어떤 식으로든 그 사람과 인간관계를 맺었던 자들이다. 그런 죽은 자들이 바로 마법 사건을 일으키는 주체다. 반면 영적 상태로 몸을 떠나 있는 사람은 사건을 일으키는 도구로 사용되기 위해 강제로 구금당하고 있을 뿐이다. 살아 있는 사람은 (악령들의 여러 진술로 추론하자면) 과도하게 동정하는 감정, 잔인한 저주의 말, 극히 무례한 육체적 범죄 등을 통해 사탄에게 매이게 되며, 그 결과 자기 의지와 반대로 사탄에게 영으로서 봉사하게 된다. 이때 매임의 물리적 강도는 우상숭배 행위로 저지르는 범죄의 경중에 따라 여러 등급으로 나뉜다.

나 자신은 점점 더 사탄이 음모를 꾸미고 있다는 쪽으로 생각이 이끌려 갔다. 즉, 사탄은 계획적으로 교묘한 술수를 펼쳐 모든 인간을 비밀리에 하나님으로부터 멀어지게 만들려는 것이다. 그렇게 된다면 사탄의 왕국은 보편적으로 확장되고, 그리스도의 왕국은 파멸할 것이다. 이 싸움에는 어둠의 권세가 더 유리하다. 이 모든 과정은 인간들에게서 아주 깊이 감춰진 상태로 진행되기 때문이다. 더욱이 어쩌다 약간의 정보가 새어 나가고 누군가 그 음모를 알아채더라도 관심을 쏟는 사람은 적고, 믿음 안에서 용기를 내어 그 권세에 맞서 저항하려는 사람도 거의 없다.

많은 사람들은 여러 가지 불행, 질병 또는 인수人獸전염병*이 마녀나 마법사가 일으킨 것이라고 생각한다. 어느 정도까지는 실제로 그럴 수 있다. 그들은 그런 일을 저지를 수 있는 능력과 가능성을 가지고 있다. 다만 마녀나 마법사들은 자신들이 영적 상태에서 무슨 일을 저지르고 있는지를 알지 못한다. 기껏해야 개별 사건이 벌어질 때마다 어떤 느낌을 받을 뿐인데, 그것은 그들 스스로도 무어라 설명하지 못하는 막연한 감정이다. 어쨌든 그들은 매우 불행한 사람들이다. 그렇기 때문에 살아 있는 사람을 마법 행위의 혐의로 정죄하는 것은 원칙적으로 무자비한 일이며, 전적으로 비난받아 마땅하다. 그런 식의 정죄로는 유익한 결과를 전혀 끌어낼 수 없을 뿐만 아니라, 때로는

---

* 다른 동물 종으로부터 사람에게 전염되는 감염증을 가리킨다. - 편주

정죄당하는 자가 실제로 무죄인 경우도 있기 때문이다. 어느 경우든, 과거 마녀 재판에서 고문 도구로 자백을 받아 내려고 시도할 때에도 그랬듯이, 정죄당하는 마법사들은- 항상은 아니지만 -대체로 자신들이 무죄하다고 여긴다. 내가 하나님께 감사하는 것은 애초부터 그렇게 정죄당할 일이 생겨서는 안 되며 또한 어떤 사람이 유죄로 추정된다 해서 다짜고짜 그를 처벌하려 해서는 안 된다는 근본 원칙에서 출발할 수 있어서였다. 만일 내가 이 원칙을 지키지 않았다면 아주 끔찍한 혼동에 빠졌을 것이고, 사탄이 나 자신이나 내가 관여한 사건을 두고 벌이는 유희에 놀아난 꼴이 되었을 것이다.

사탄의 지배 아래 놓인 사람, 곧 영의 상태에서 어떤 일을 하거나 그렇게 하도록 강요받는 사람이 일상적인 의식 상태에 있지 않다는 사실은 분명하다. 그렇다고 해서 그가 책임져야 할 판단을 내릴 수 없는 것은 아니다. 그에게도 책임이 있는 까닭은 사탄에게 지배되는 것의 근저에 먼저 우상숭배의 죄가 있기 때문이고, 그다음에는 영의 상태에서도 사탄에게 완전히 헌신할지 혹은 그렇게 하지 않을지를 결정할 수 있는 자유 의지가 그에게 남아 있기 때문이다. 그 모든 책임과 결과는 자신이 행한 우상숭배 행위가 가장 무거운 죄 중 하나임을 깨닫고 회개하기만 하면 그에게서 사라질 것이다. 우상숭배는 첫째 계명을 직접 거역하는 가운데 저질러지는 행위이고, 더 나아가 본질적으로 타락하여 하나님에게서 멀어지는 행위이기 때문이다. 그러므로 살아 있는 동안 우상숭배의 죄를 회개하는 것이 마땅하다. 그런데도 회개하지 않았다면 그 사람은 우상숭배의 위험을 전혀 두려워하지 않았거나, 막연한 두려움은 느꼈지만 그 위험이 얼마나 큰지 깨닫지 못해 제대로 판단할 수 없었기 때문일 것이다. 그런 경우에 그 사람은 죽은 이후에도 계속해서 마귀(Teufel)의 지배를 받게 된다. 생전에 기만당하여 마귀의 간계에 사로잡혔던 그 사람은 사후에 비로소 눈을 뜨게 된다. 그러나 그때까지도 그 사람에게는 사탄에게 전적으로 헌신하고 종노릇할 것인지, 그렇게 하지 않을 것인지에 대한 자유로운 결정권이 남아 있다. 전자를 선택하는 경우에 그는 전형적인 마법의 영(Zaubergeist)이 되고 사탄에게 구금당한다. 죽은 자의 영인 마법의 영은 살아 있는 마법사들을 수단으로 부리며 일반 사람들에게 재앙을 일으키는데, 그때 그들의 몸이나 가축, 혹은 다른 관련 대상에게 안 좋은 일이 일어나게 된다. 그러한 재앙의 목적은 사람을 막다른 처지로 내몰아 그들 또한 미신이나 우상숭배를 최후의 보루로 붙들게 만들고, 빠져나올 수 없도록 얽어 넣는 것이다. 이렇게 볼 때 인간에게 닥치는 많은 불행한 일들은 본질상 하나님께서 허락하신 욥의 시험과 같은 것으로 보인다. 그런 시련을 겪어야 그 인간이 하나님을 버리고 떠날지 아닐지가 드러나기 때문이다. 그런 시련의 날이 닥치기 전까지 사람들은 얼마나 자신만만하게 살아가고 행동하는가!

살아 있는 자들이 마법 사건을 일으킬 때 그들에게는 여러 등급이 있다. 가장 낮은 등급에 속하는 사람들은, 흔히 말하는 것처럼 스스로가 수단으로 사용되도록 내버려 두는 사람들이다. 그들은 이것이 마법 사건임을 명확하게 의식하지 못한 채 계속 얽혀들어 간다. 가장 높은 단계에 속한 사람들은 직접 흑마술을 행하는 자들이다. 그들은 그 기술을 사용할 때 사탄이 자신에게 그 능력을 주었고, 자신은 사탄에게 직접 봉사하고 있다는 사실을 온전히 의식하고 있다. 최고와 최저 등급 사이에는 마법 부리는 일을 생업으로 삼아 돈을 버는 중간 등급의 사람들이 있다. 주로 이들이 사람들에게 마법을 가르쳐 기술을 습득하고 사용하도록 만든다. 그 기술은 보통 작은 책으로 인쇄되어 민간에 널리 퍼져 있는데, 내용은 본질적으로 사탄의 계시들이다. 때때로 그들은 책 대신 대대로 내려오는 그들의 전통에 따라 마법을 행하기도 한다.

마법사들을 나눈 등급에서 세 번째 종류의 사람들은 주문을 외워 여러 사건을 조작하는 가운데 오랫동안 자신이 선한 일을 하는 사람인 양 행세하기도 하고, 더 나아가 주변에서 훌륭하고 경건한 사람이라는 평판을 얻기까지 한다. 그러나 그들의 양심은 계속 병들어 가고 이교적 사역에 점점 더 깊이 얽매이게 되며, 결국 흑마술을 행하는 자가 될 위험을 목전에 두게 된다.

그다음 단계에 위치한 마법사들은 상담자 역할을 가장하는 혼령을 받아들인 사람들이다. 사실 그 혼령은 마귀가 직접 보낸 악령일 뿐이지만, 그들은 자신이 감쪽같이 속고 있는 줄도 모른다. 이들은 자신에게 도움을 청하는 주변 사람들에게서 그들의 이름과 나이를 얻어 낸다. 그리고 그 정보를 토대로 상담자 역할을 하는 혼령에게 여러 가지를 묻는다. 악령인 그 혼령들은 마법사들이 제각기 선택한 제사도구를 통해 출몰하는데, 예를 들어 거울을 통해 보일 수도 있고 때로는 보이지 않을 수도 있다. 악령들은 그들이 묻는 물음에 대답함으로써 어둠의 왕국에 은밀히 봉사하게 만든다. 이와 같이 그리스도인들도 바알세불에게 조언을 구하고 얻는 일왕하 1:2-6, 16에 빠져드는 것이다.

흑마술을 기술적으로 행하는 사람들은 마귀와 정식으로 계약을 맺은 자들이다. 그 계약은 개인적으로 맺을 수도 있고, 이런 계약을 기반으로 삼는 비밀 단체에 가입해 맺을 수도 있다. 두 경우 모두 피로 쓰는 서명이 행해진다. 당사자는 손가락 끝이나 신체의 어느 부위에 상처를 내서 흐르는 피로 자기 이름을 적는다. 이런 문서적인 확인 행위가 이루어질 때 사탄의 공식적인 확증이 주어지며, 당사자는 그것을 의식할 수도 있고 못 할 수도 있다. 때때로 사탄의 확증은 그가 영적 상태에 있을 때 영적 형태로 발생하기도 하는데, 이때도 그는 이 일을 의식하지 못하는 경우가 많다. 흑마술을 행하는 자들이 추구하는 것은 주로 행운, 쾌락, 돈 또는 신체의 위험을 막는 방어 등이다. 그들이 소유하게 되는 기술은 매우 다양하다. 그들은 돈을 만들어 낼 수도 있고, 자신을 보이지 않는 형태로 출몰시킬 수도 있다. 앞에서 말한 것처럼 물건을 보이지 않게 할 수도 있고, 자신의 존재를 변화시키지 않은 채 몇 초 만에 수백 킬로미터를 이동할 수도 있다. 더 나아가 그들은 편도 수백 시간이 걸리는 먼 거리의 누군가를 죽일 수도 있다. 중한 죄를 지은 사람이 예기치 않은 뇌졸중으로 갑자기 쓰러져 죽는 일은 가깝거나 먼 곳에서 저질러지는 마법의 결과일 수 있다. 또한 그들은 보이지 않는 형체로 나타나 불을 지르기도 한다.

물론 사람들은 이 모든 일을 믿을 수도 있고 안 믿을 수도 있다. 나는 이를 각자 자유로운 판단에 맡기려고 한다. 아! 그러나 그런 자들의 현존이 내게는 얼마나 소름 끼치도록 확실한가! 나는 뱀의 머리를 밟아 으깨신 분을 향한 믿음 안에서 그런 어둠의 권세들과 맞서 투쟁을 감행했다. 그렇기에 이 투쟁은 결코 패배할 수 없으며, 최후 승리에 도달할 것이다. 우리 주님이 훨씬 더 위대하시기 때문이다!

제7부

고트리빈의 유년기 체험과
질병의 시초

도대체 무슨 근거로 이토록 이상한 이야기를 길게 늘어놓느냐고 묻는 독자분이 계실지도 모르겠다. 이에 대해 나는 세 가지 근거를 제시하려고 한다. 지금까지의 내용은 첫째로 나의 힘겨운 투쟁 과정에서 실제로 발생했던 사실들에 기초하고 있다. 둘째로 투쟁 과정에서 출몰했던 악령들(Dämonen)- 이들은 속박에서 풀려나 해방되기를 갈구하거나 그 방법을 찾고 있었다 -의 진술을 토대로 기록되었다. 악령의 진술이란 대부분 전체를 관통하는 맥락 없이 그들이 매 순간 산발적으로 내뱉은 말들이었다. 셋째로, 이 기록은 내가 영적인 눈을 떠 이러한 사건들을 꿰뚫어 볼 수 있게 된 이후에 행한 몇몇 심리적 경험과 관찰들을 기반으로 한다. 아마도 누군가는 내가 이런 일들을 지나치게 깊이 추구했고 그 과정에서 꿈같은 환상에 지배당했다고 비난할 것이다. 그러나 내게는 그런 환상에 골몰할 시간적 여유가 전혀 없었다. 그런 사람들은 내가 사역으로 얼마나 바쁜 사람이었는지, 특히 마지막 몇 해 동안 내가 얼마나 깊이 집중해서 사랑하는 마음으로 나의 사역을 감당했는지를 상기해야 할 것이다. 당시 목회자 신문에 실린 나의 기고문에서 알 수 있듯, 나는 책임자와 주변 조력자의 입장에서 앞장서 행동하며 이곳 공동체를 가르치고 깨우는 사역을 많이 했다. 나는 지금까지 언급한 일들이 일어났던 약 2년 동안 끊임없이 영적으로 투쟁했으며, 그 투쟁은 우선 엄청난 시간을 필요로 하고 정성을 기울여야 하는 고된 작업이었다! 그럼에도 불구하고 나는 그 기간에 공부하는 작가로서도 활동했다. 나는 월간지 「선교 시대」에 글을 썼고, 이곳 뫼틀링엔 교회의 전임자였던 크리스티안 바르트 목사가 발행하는 청소년 신문에 「빛의 출현과 통치」Erscheinung und Wirkung des Lichtes라는 논문도 기고했다. 그 밖에 『중고생과 가정을 위한 세계사 입문』Handbüchlein der Weltgeschichte für Schulen und Familien이라는 소책자 그리고 선교 역사와 선교 지역들에 관한 연구서도 펴냈다. 해당 책들은 이제 막 출간되었는데, 이 책들을 위한 예비 작업으로 나는— 시간이 날 때마다 틈틈이 —독일어, 영어, 프랑스어로 된 선교학 저서들 속에 파묻혀 지내야 했다. 더욱이 국가에서 활발히 진척시키고 있는 새찬송가 편찬 작업과 새로운 예배의식 제정 작업에 참여할 기회까지 얻어 그에 대한 논문을 기고했다. 이를 위해 두 배 분량으로 증보된 성가곡 목록에 관한 논문도 제출했고, 많은 고문서들로부터 옛 찬송의 가사와 곡조를 찾아내 포함시키고자 큰 노력을 기울였다. 성가에 대한 새로운 관심을 깨우기 위해 나도 모음집 한 권을 편집해 출판했으며, 그로 인해 작곡 기법에 관한 이론을 배워야 했다. 그 와중에 나는 지난여름 초등학교에서 교직원 모임의 의장으로서 강좌 두 개를 맡아 강의했다. 하나는 독일어 문법 교육, 다른 하나는 사도 바울의 생애에 관한 것이었다. 그 과정에서 교수법에 관한 일련의 논문을 작성해 교사들 사이에 배포하기도 했다.

이 모든 일을 여기서 지루하게 나열한 것은— 이 일들 자체를 나쁘게 말하는 사람은 없으리라 확신한다 —바로 그즈음에 내게는 여가 시간이 전혀 없었다는 것, 그래서 허황된 공상에 빠져 있을 틈이 없었다는 사실을 보여 주려는 것이다. 이렇게 객관적인 사실들을 한눈으로 가볍게 넘겨 놓고서 나에게 '병든 상상력'이란 오명을 뒤집어씌워서는 안 될 것이다.

이제껏 이야기한 많은 사건들은 내가 직접 겪었으나 끝내 머리로는 이해하지 못했기에 내면에 각인된 채로 남아 있는 인상印象들이다. 나는 그런 인상들을 나중에 따로 해석하거나 손대어 수정하지 않은 채 마음속에 그대로 두었다. 그러나 그 모든 조각들이 점차 나의 또렷한 의식 속에 한데 모였고, 거기서 섬뜩한 맥락을 형성하며 서로 연결되었다. 그리고 이 긴 투쟁이 끝날 때 즈음에야 비로소 전체 윤곽과 세부 의미가 분명해졌다. 이제 나는 그 결말로 넘어가려고 한다. 독자들의 이해를 돕기 위해 먼저 일반적인 개관을 서술하겠다.

고트리빈은 여러 해 동안 신실하고 굳건한 그리스도인으로 성장해 왔고, 그리스도인답게 생각하고 행동하는 사람이었다. 그런 그녀에게 어떻게 이토록 극심하고 소름 끼치는 사탄의 시험이 닥쳐올 수 있었을까? 이 점이 지금까지 이야기를 읽은 독자들에게 여전히 의문점으로 남아 있을 것이다. 겉보기에 당연히 수수께끼 같아 보이는 이 의문을 어느 정도 해소하기 위해 나는 고트리빈이 어린 시절부터 겪어 왔던 몇 가지 경험을 우선 전하려고 한다. 이것은 그녀가 오랜 기간에 걸쳐 이따금, 조금씩 그리고 아무런 맥락 없이 툭툭 말해 준 것들을— 말하자면 우연히 들은 —조합한 내용인데, 결말을 코앞에 둔 시점에 이르자 나는 그에 담긴 중요한 의미를 깨달았고 주목할 가치가 있다고 생각하게 되었다. 그러나 이 이야기 역시 전혀 들어 본 적 없는 놀라운 일들일 것이다. 점잖게 돌려 말하지 않고 직접적으로 묘사한 것을 관대하게 받아들여 달라고 독자들에게 당부하고 싶다.

고트리빈은 이미 어렸을 때부터 마법의 그물에 얽히고 만 자신의 특별한 상황에 대해 제대로 인지하고 있었다. 여기서 나는 흔히 괴담집에 나올 법한 미신 같은 이야기들을 어쩔 수 없이 다시 다루어야 함을 유감스럽게 생각한다. 그러나 그것들을 그저 그런 괴담으로 내버려 두면 안 되는 까닭을 이제야 비로소 알게 되었다. 고트리빈은 태어난 지 얼마 되지도 않아 어디론가 보이지 않게 사라져 버릴 위기를 맞았다. 10년 전에 세상을 떠난 고트리빈의 어머니가 그녀에게 이런 이야기를 자주 들려주었다고 했다.

어느 날, 모친은 갓 태어난 아이[고트리빈]를 곁에 두고 함께 침대에 누워 잠이 들었다. 그런데 갑자기 아이에 대한 두려운 걱정이 엄습해 왔고, 잠에서 설핏 깨어난 그녀가 손으로 아이가 있는 곳을 더듬어 찾았지만 아이는 온데간데없이 사라져 보이지 않았다. 그래서 그녀는 이렇게 소리쳤다.

"주 예수님! 내 아이! 아이가 아무 데도 없나이다!"

그때 방문 바로 앞에 뭔가 툭 떨어졌다. 바로 그 아이였다. 이와 똑같은 일이 비슷한 방식으로 한 번 더 일어났다고 하니, 이때부터 이른바 '아이 바꿔치기'Wechselbalg*라는 전설이 생겨났지 싶다. 만약 이 사건에 어느 정도 현실성이 있다고 가정하고, 다른 사람들도 유사한 일을 여러 차례 겪었다는 경험들을 함께 미루어 보아 이렇게 추정할 수 있다. 그 아이들은 마법사들의 손아귀에 떨어져 갓난아기일 때부터 마법의 세계에 제물로 바쳐진 것이다. 과거의 나는 허무한 미신처럼 들리는 이런 일들에 대해 아무런 관심도 가지지 않았다. 하지만 이번에 고트리빈과 함께 경험했던 사건들을 관찰하며 그것들이 지닌 중요한 의미를 발견하게 되었다.

아이는 곧바로 친척인 숙모— 마리아 바바라 디투스Maria

---

* 유럽 중세 시대로부터 전승되는 설화로, 종교학적 명칭은 '바꿔치기 아이'(changeling)다. 어린 아이들은 악령이나 마녀, 요정들에 의해 마법에 사로잡힐 각종 위험에 놓이는데, 이 전설은 그중에서도 세례를 받지 않은 영아가 마성魔性을 지닌 아이로 바꿔치기 당하는 내용을 담고 있다. - 편주

Babara Dittus(결혼 전 이름은 퀸스틀러Künstle였다) —에게 보내졌는데, 그녀는 주변 사람들이 두려워할 정도로 소문난 악인이었다. 그 숙모는 일곱 살 난 아이에게 이렇게 말했다고 한다.

"네가 열 살이 되면(이것은 보통 마법의 세계에 바칠 수 있는 연령이 된다는 뜻이다), 나는 네게 무언가 제대로 된 일을 가르쳐 줄 게다!"

그리고 그녀는 이렇게 덧붙였다.

"만일 네 이름이 고트리빈*이 아니고, 내가 너와 성이 다른 대모代母였다면 위대한 세상 권세를 네 손에 쥐어 줄 수 있었을 텐데…"

아이는 이와 비슷한 말들을 이미 어린 시절에 여러 번 들어야만 했다. 내가 고트리빈과 관련된 이 일에 대해 조용히 생각할 때마다, 나의 내면에서 다음과 같은 음성이 들려왔다.

"우리 주님은 위대하시고 큰 능력을 가지고 계신다. 그분이 어떻게 다스리는지는 사람이 측량할 수 없다."

이는 하나님만이 홀로 세상을 다스리시는 분이라는 뜻이었다.

고트리빈이 8살이 되었을 무렵, 숙모는 세상을 떠났다. 그 후 주변 사람들은 종종 아이가 아플 때마다 주술적이거나 마

---

* 앞서 말했듯이 고트리빈의 이름은 '하나님께서 사랑하시는 여자'라는 뜻에 가깝다. 17쪽 각주를 참고하라. - 역주

법을 부리는 치료 수단을 그 아이에게 사용했는데, 이런 일은 무지한 민중들 사이에서 거의 관습처럼 행해지고 있었다. 그로 인해 아이는 유사한 상황에 처했던 다른 이들과 마찬가지로 몇 가지 마법에 얽혀 들고 말았다. 그러나 고트리빈은 천성적으로 훌륭한 영적 판단력을 보유한 덕분에, 이곳 뫼틀링엔 교회의 전임자였던 크리스티안 바르트 목사가 베푼 가르침을 받아 마음속에 큰 결실을 맺을 수 있었다. 하나님을 향한 그녀의 순전한 '경외'가 우상숭배의 죄에 더 깊이 빠져들지 않도록 그녀를 보호했던 것이다. 또한 그녀의 경건한 부모도 일찌감치 그녀에게 우상숭배에 대해 경고해 두었기 때문에, 그녀는 그런 속된 일에 접촉하는 것을 어린 나이부터 혐오하게 되었다. 하지만 그녀는 그 사이에— 나는 악령들이 일으킨 질병들로 그녀가 고통받는 동안 명확하게 밝혀진 결과들에 근거해 말하고 있다 —어둠의 권세가 정한 원칙 중 비교적 낮은 등급이기는 하나, 어찌 되었든 이미 그 권세에 속박되어 있었다. 앞서 언급했듯 이 등급은 혼령의 상태에서(im Geiste) 다른 사람들에게 재앙을 불러일으키는 수단으로 이용된다. 그러나 그녀는 자신에게 일어난 일을 예감하지도 못했고, 어떤 느낌을 받거나 알아차리지도 못했다. 이것은 낮은 단계에 속한 사람들에게 흔히 일어나는 일이다. 그런데 그녀의 영(Geist)은 이용당하지 않고 오히려— 방금 언급한 그녀의 경건한 믿음 덕분에 가능했다 —어둠의 권세의 요구를 거부하려고 애썼으며, 이것은 어둠의 권세가 그녀를 증오하게 되는 결과를 불러왔다. 그녀와 어둠의 왕국 사이에 일종의 긴장 관계가 형성된 셈이다. 어둠의 왕국도 자체적으로 통일된 질서를 유지하려고 하기 때문에 그 세력이 그녀를 배신자로 여기고 뒤쫓게 된 것이다.

이제 고트리빈 앞에는 두 갈래 길이 주어진다. 하나는 그녀가 마법의 일에 미혹되어 가장 깊은 마법 세계까지 계속해서 끌려 들어가는 길이다. 만약 그 길을 선택한다면 자기 자신을 사탄에게 확실히 넘겨주게 될 것이다. 다른 하나는 아예 그녀가 이 세상에서 제거되어 그녀의 저항이 어둠의 왕국에 더 이상 불이익을 끼치지 못하게 되는 길이다. 그렇게 고트리빈에게는 마지막으로 하나님께 대한 신실함과 믿음이라는 사명만이 남게 되었다. 이것은 그녀와 함께하던 나의 사명이기도 했다. 신실함은 우상숭배 전체를 부정하면서 그 행위를 거부하는 것이고, 믿음은 지옥의 심연 전체가 눈앞에 생생하게 입을 벌린다 해도 신실하신 하나님의 권능이 끝내 보호해 주실 것을 믿는 것이다. 이 두 가지가 고트리빈의 내면에서 굳게 손잡고 결합되었으며, 그 안에서 그녀는 날마다— 비록 당시에 그녀는 이 두 가지의 중요한 의미를 스스로 깨닫지는 못했지만 —보호받았다. 지금의 그녀는 그 사실을 자신에게 일어났던 모든 일 중 가장 큰 기적으로 여기고 있다.

마법의 유혹들은 고트리빈에게 직접 다가왔다. 그녀는 매우 가난했고, 가난이 올가미가 되었다. 1840년 2월경 그녀의 부모는 이미 세상을 떠난 상태였고 그녀는 이 보고서의 초반부에서 묘사한 작은 방에 거주하고 있었다. 그녀와 그녀의 언니 한 명, 이렇게 둘이서 집에 머물던 어느 날이었다. 집에 먹을 거라곤 작은 빵 한 조각이 전부였으며, 수중에는 동전 한 닢만 있을 뿐이었다. 고트리빈은 그 동전을 가지고 우유 한 통을 사려고 길을 나섰다. 길을 가는 동안 그녀는 혼자 이렇게 생각했다.

'동전이 하나만 더 있었다면, 수프에 넣을 소금도 살 수 있을 텐데…'

그 순간, 그녀는 갑자기 손 안에 있던 동전이 두 닢으로 늘어난 것을 느꼈다. 그녀는 민간에 떠도는 '마법의 돈'에 관한 전설이 떠올라 매우 불안해졌다. 그렇게 생겨난 동전 두 닢 중 하나로 우유 값을 치러도 문제가 없을까 고민하며 그녀는 근심에 빠졌다. 그러나 다행히도 가게 주인이 우유를 선물로 거저 주었다. 그 덕에 그녀는 동전 두 닢을 그대로 쥐고 돌아올 수 있었다. 그리고 근처 물웅덩이 옆을 지나게 되었을 때, 갑자기 견딜 수 없을 정도의 두려움이 몰아닥쳤다. 그녀는 모든 동전을 웅덩이 속에 던져 버리고 이렇게 외쳤다.

"꺼져라, 마귀(Teufel)야! 너는 절대 이런 식으로 나를 손에 넣을 수 없어! 하나님께서 나를 이기게 하실 거야!"

그러자 마음이 매우 가벼워졌다. 그런데 그녀가 집으로 돌아와 거실에 딸린 자기 방에 들어섰을 때, 믿을 수 없는 광경이 펼쳐졌다. 방바닥이 온통 크고 작은 동전으로 가득 덮여 있는 것이었다. 무척 놀란 그녀가 이것이 꿈인지 생시인지 알아보기 위해 바닥을 여기저기 밟으며 헤집고 다녔다. 그러자 동전끼리 서로 부딪치며 마찰하는 소리가 분명히 들려왔고, 동전 형태도 두 눈으로 똑똑히 볼 수 있었다. 그녀는 그 많은 것들이 진짜 동전이라고 생각할 수밖에 없었다. 그렇다면 이 큰 금액의 동전들은 어디서 온 것일까? 생각이 거기까지 미치자 또다시 두려움이 엄습했다. 하나님께서 이런 이상한 방법으로 도와주신다고는 도저히 생각할 수 없기 때문이었다. 그녀는 자신이 혹시 환각을 보고 있는 건 아닐까 싶어 거실로 나갔다가 다시 방으로 들어와 봤다. 그러나 침실 방바닥은 여전히 크고 작은 동전들로 가득했다. 반면에 거실 바닥에는 아무것도 보이지 않았다. 때마침 주변에 네 살 난 남자아이가 다가왔고, 그녀는 그 아이에게 이렇게 말했다.

"얘, 저기로 들어가 봐! 내 방 침실로 들어가 봐! 네 눈에 보이는 건 다 가져도 돼!"

그리고 아이는 방에 갔다가, 되돌아와 이렇게 말했다.

"아줌마, 저기 아무것도 없어요!"

그 말에 그녀가 다시 방으로 들어가 보자 정말로 그 많던 동전들은 전부 사라지고 없었다. 이런 비슷한 일이 그녀에게 자주 일어났다. 그러나 그녀는 두려움에 떨면서도 그런 이상한 동전들에 손을 대려는 유혹을 이겨 냈다. 그녀는— 그녀 자신이 말했던 것처럼 마귀에게 자신을 내맡겨 부자가 되는 것보다 —혹독한 가난 속에 그대로 머물기를 선택했던 것이다.

그러나 그렇게 올바른 선택을 했음에도 그 시기에 이미 빙의는 시작되었고 유사한 종류의 시험들이 차례차례 고트리빈에게 닥쳐왔다. 그런데 나는 그녀에게서 위 사건들을 전해 듣기 전부터 악령들이 그녀의 입을 통해 이렇게 말하는 것을 들었다.

"이 여자는 도무지 아무것도 가지려고 하질 않아. 우리가 주변에 많은 걸 아주 교묘하게 놓아두었는데도 말이야."

이 말은 아마도 위에서 이야기한 기묘한 동전들과 관계가 있을 것이다. 우리가 과거에 거실 바닥을 파헤쳤을 때, 고트리빈은 다른 곳을 팠다면 깨끗한 동전들로 가득 차서 반짝이는 상자를 찾았을 것이라 믿고 있었다. 그때 우리가 제대로 찾아내지 못했던 것이라며 말이다. 그 집의 이전 소유자였던 여성(카타리나 크리스티안네 바이스)이 생전 어느 때 집 안에서 300닢의 동전을 도난당했다는 소문이 전해 내려오기 때문에, 우리도 그 돈을 발견할 가능성을 완전히 배제할 수는 없었다. 그래서 우리는 이런 도깨비장난 같은 소동을 끝내려는 목적으로 그녀와 함께 다시 한번 거실 바닥 밑을 조사했다. 그런데 그녀가 한 장소를 지목하고는 그 즉시 깊이 혼절하고 말았다. 그리고 우리는 이번에도 돈을 발견하지 못했다. 이것은 사탄의 속임수가 그 배후에 감춰져 있다는 것을 명확하게 보여 주는 사건이다. 어둠의 권세가 바라는 목적이 성취되려면, 그녀는 아무도 모르게 그 돈을 혼자 발견해서 보유해야만 했다. 그렇게 생각할 수밖에 없었다. 왜냐하면 사람을 꾀어 내고자 모습을 드러내는 어둠의 권세는 은밀히 행하고 깊이 은폐한다는 특징을 가지고 있기 때문이다. 그 후로도 다양한 방식으로 그녀의 영혼을 파괴하려는 사탄의 기만에 관한 이야기를 고트리빈에게서 빈번히 들을 수 있었다. 한 악령은 흑마술사들이 그런 돈을 만들어 내거나 이와 관련된 시도를 하는 기술과 방법에 대해 설명했는데, 그것은 너무 끔찍해서 이 자리에서는 도저히 밝힐 수가 없다. 나는 나의 투쟁 이야기를 이해하는 데 그다지 중요하지 않은 주변적인 항목들은 인용하지 않으려고 한다.

솔직히 고백하자면 나는 고트리빈의 입에서 나오는 이런 이야기들을 대체로 흘려들었다. 나부터가 이를 사실이라고 믿기 어려웠기 때문이다. 그러나 나는 이후에 나타난 여러 사건들의 맥락을 살펴보면서, 그런 많은 이야기 안에 미처 알아채지 못했던 놀라운 가치가 있음을 깨닫게 되었다. 그 이야기들은 지금 내가 말하려는 상황과도 관계가 있다. 고트리빈을 대놓고 유혹해서 하나님을 떠나게 하고 타락시켜 우상숭배에 빠지게 만들려는 시도가 아무런 성과를 거두지 못했기 때문에, 뱀은 그보다 더 간교한 모습으로 나타났다.

고트리빈의 가족에게 또다시 생필품이 부족할 정도로 궁핍한 시기가 찾아온 어느 날이었다. 힘든 상황 속에서 그녀는 초조하고 억눌린 기분으로 자기 방에 들어섰는데, 놀랍게도 소매 속에 밀가루가 가득 채워져 있는 남자 속옷과 그 위에 종이로 싼 젝스배츠너 은화 한 닢을 탁자 위에서 발견했다. 이전에 일어났던 일들 때문에 조심스런 마음이 들었고, 재차 설명할 수 없는 섬뜩한 기분을 느꼈다. 밀가루는 어디에서 와서 방 안으로 들어온 것일까? 거실 문은 잠겨 있었고, 창문을 통해 그것을 탁자 위에 올려놓는 것은 불가능했다. 또한 괴상하게 담겨 있는 모양 때문에 그것이 선물이라는 생각도 들지 않았다. 그녀가 그 은화를 바라보니 종이에 이런 말씀이 적혀 있었다.

"그리스도의 피와 의, 그것이 나의 보배이며 영광의 옷일지니!"

따라서 그녀는 스스로에게 이렇게 말했다.

'그렇다면 이것은 불의한 것일 수 없지. 이건 네게 꼭 필요한 것들이야!'

하지만 섬뜩하고 두려운 느낌은 그녀에게서 사라지지 않았고, 불의하지 않다는 생각은 단지 그녀가 스스로 지어낸 것일 뿐이었다. 그럼에도 그녀는 돈과 밀가루를 집어 들었다. 물론 하나님께 감사드리는 일도 잊지 않았다. 그러고 나서 그 밀가루를 준 사람을 두루 찾아보았지만, 끝내 작은 실마리도 발견할 수 없었다. 오랜 시간이 지난 후에 고트리빈은 그녀에게 일어났던 마법의 일들 가운데 일부는 자신이 그 밀가루를 집은 탓이라고 추정했고, 더 나아가 대부분의 사건들이 그 때문이었을 가능성도 있다고 말했다. 실제로 어느 악령도 훗날 그것이 자신의 미혹이었으며, 고트리빈은 그때 그 밀가루를 절대로 사용하지 말아야 했다고 말했다.

이 사건을 있는 그대로 받아들이기에는 굉장히 염려스러운 점이 많다. 그럼에도 우리가 이를 진실이라 믿으려 한다면 다음 사실만은 인정해야 할 것이다. 고트리빈은 악령의 모든 기만을 넘어서는 진실된 목적으로 밀가루를 사용했다. 다시 말해, 그녀가 밀가루를 사용한 것이 그녀에게 매우 큰 해를 끼쳤지만, 그것을 본래적인 죄로 여길 수는 없다는 것이다. 그 밀가루를 사용한 것 자체는 파멸을 불러오지 않는다. 그것을 사용하려는 그녀의 뜻과 의지가 하나님께 진실했기 때문이다. 그러나 사탄이 일으키는 믿음의 시험은 이제 힘겨운 단계로 접어들기 시작했다.

고트리빈이 어린 시절에 겪은 일련의 과정은 어떤 면에서 사건 전체에 대한 열쇠를 제공한다. 가장 중요한 점은 우선 사탄에 저항했던 한 영혼이 있었다는 사실이다. 고트리빈은 자신이 속박당하고 있다고 느끼면서도 그에 저항했다. 그녀는 사탄의 권세에 속하는 어떤 강력한 힘이 자신을 단단히 묶고 있다고 느끼는 한편, 내면으로는 하나님의 권능의 통치를 갈망한 것이다. 그리고 사탄의 권세로부터 풀려나기 위해 그녀는 신실함과 믿음을 입증해야 했다. 그렇게 투쟁은 서서히 진행되었고, 어둠의 권세도 쉽사리 굴복하려 들지 않았기에 싸움의 규모는 점점 더 크고 넓어졌다. 사탄의 왕국에서 한 지체는 다른 지체에 의존하고 있고, 모든 지체가 서로 매우 밀접한 관계를 맺으며 전체를 이루고 있다. 그렇기 때문에 저항을 일으킨 인물이 비록 보잘것없는 사람이라고 해도, 점차 지옥 전체가 자극을 받고 격분하게 된다. 따라서 저항의 투쟁을 벌이는 그녀도 적지 않은 타격을 입고 지옥의 은밀한 힘을 고통스럽게 체험하는 사건들을 맞이하게 될 것이다.

고트리빈이 먼저 사탄과의 투쟁에서 신실함과 믿음을 확실히 보여 주자, 이내 신실함과 믿음의 요청은 내게로 옮겨졌다. 이것은 그 어떤 대가를 치르더라도 시험당하는 고트리빈을 어둠의 권세에게 빼앗겨서는 안 된다는 나의 의지로 이어졌고, 그 의지는 오직 기도 외에 다른 수단을 일절 시도하지 않음으로써 실현 가능했다. 그 기도란 감히 예측할 수 없는 하나님의 놀라운 능력에 간절히 매달리는 것이었다.

사탄은 고트리빈의 생명을 빼앗으려는 시도를 끊임없이 반복했다. 사탄이 시도하는 미혹의 비밀이 계속해서 드러났다는 점에서 그 사실을 알 수 있었다. 그 무렵 악령들은 어느 때보다도 무척 격분한 모습으로 나타났다. 마법을 일으키는 사탄의 힘이 하나님께 의지하는 올바른 방법으로 인해 그 기세가 완전히 꺾였고, 까딱하면 영원히 멸망할 위기에 처했기 때문이다. 이제 어둠의 권세들은 살아남기 위해 그녀를 파멸시키고자 필사적으로 노력해야 했다.

이 추측들은 투쟁의 막바지 즈음에 나의 내면에 거의 강제적으로 밀어닥친 생각들인데, 그들의 모습이 '필사적'이었다고 말할 수 있는 것은 그녀를 비밀리에 장악했던 모든 감춰진 마법의 힘이 점점 지쳐 가고 눈에 띄게 약해진 것이 보였기 때문이다. 그녀를 일으켜 세우기 위해 나는 계속해서 어둠의 세력을 공격하는 새로운 포병 부대— 이렇게 자랑스레 표현한 것을 용서해 주기 바란다 —를 진격시켰다. 특히 그녀가 생명을 잃으며 투쟁이 아예 멈추어 버릴 가능성이 조금이라도 보일 때는 더욱 그렇게 했다. 더군다나 갈수록 나의 용기와 힘은 점점 커졌기 때문에— 이 점은 나 자신에게 가장 큰 기적이다 —어둠의 권세는 연이어 패배와 수치를 당할 따름이었다. 그 당시 엄청난 힘과 용기가 내게 주어졌던 것은 오로지 이 투쟁을 위해 하나님께서 직접 부어 주신 은혜였으리라. 결국 마법의 세력이 은밀히 숨어 있던 성벽은 하나씩 무너지기 시작했고, 마침내 최후의 타격(Hauptschlag)이 가해져 이제 곧 결말에 이르게 되리라고 확신했다. 왜냐하면 모든 사탄적인 권세들의 우두머리가 서서히 모습을 드러냈기 때문이다.

나는 이 보고서에서 사람들이 도무지 들어 본 적 없었을 생각을 전하고 있다. 그러나 나의 창과 방패가 되셔서 나를 지켜주시는 분, 나의 내면의 움직임을 모두 아시는 그분은 내가 얼마나 주저하다가 어쩔 수 없이, 느지막이 그 생각을 확신하게 되었는지 그리고 그것을 이렇게 글로 작성해 전달하는 것이 내게 얼마나 어려운 결단이었는지를 알고 계신다. 이 보고서는 이 투쟁 과정에서 나타난 중요한 의미를 전하기 위한 기록이다. 이 투쟁 전체가 누군가에게는 무의미한 수수께끼처럼 보인다고 해도, 내게는 결코 그냥 침묵하고 덮어 둘 수 없는 일이었다.

고트리빈의 생명을 빼앗으려는 사탄의 시도는 날이 갈수록 험악해져 큰 공포와 전율을 일으켰다. 마법으로 그녀의 몸 안에 몰래 넣어진 물건들은 그녀를 죽이는 것을 목표로 삼고 있었으며, 앞서 3부에서 서술한 시도 외에도 그녀는 의식이 온전치 않은 상태에서 자주 자살을 기도했다. 한번은 숲속에서 목도리를 이용해 목을 매려 했는데, 그녀는 스스로 무슨 일을 하고 있는지도 모른 채 그저 높은 곳에 오르기 위해 돌을 쌓아 올렸다. 그러고는 목도리를 매듭지어 나무에 묶었다. 하지만 그녀가 매달렸을 때 목도리가 끊어져 버렸고, 땅에 떨어지는 충격으로 그녀는 다시 제정신을 찾았다. 바로 그날 저녁 무슨 일이 있었는지 누가 내게 말해 주기도 전에, 나는 그녀 안에서 마귀가 지르는 괴성을 들었다.

"이 계집애를 도무지 죽일 수가 없구나! 목을 맸는데도 끈이 끊어져 버렸다고!"

또한 아주 심하게 피를 토하는 일이 그녀에게 여러 번 닥쳐왔다. 그녀는 거의 빈사 상태가 되어서 슬쩍 보면 정말 죽은 것처럼 보였다. 구토하는 동안 몇 분 가까이 호흡과 맥박이 멎는 일이 비일비재했고, 죽은 사람에게 나타나는 증상들이 그녀의 얼굴에 나타나곤 했다. 한번은— 이 이야기를 듣고 독자들은 큰 혼란에 빠지겠지만 나는 일어났던 일 그대로를 전하려고 한다 —그녀가 의식이 반쯤 돌아와 있는 상태에서 마치 외과수술을 하는 것처럼 자기 상체의 피부 조직을 베어 열려고 했다. 몸속 바늘을 뽑아내기 위해 출구를 마련하려 했던 것이다. 그녀는 칼로 자기 몸을 깊숙이 찌르고는 움푹한 구멍을 냈는데 그 과정에서 쾌감을 느끼는 것처럼 보였다. 칼은 위장까지 파고 들어가 그 안에 고여 있던 음식물이 밖으로 쏟아져 나왔다. 그녀의 친구인 몇몇 여성들이 이 일을 증언해 주었고, 의사도 한동안 그 상처를 실제로 지켜보았다. 게다가 선연한 상처의 흔적이 그들의 이야기가 진실임을 확증시켜 주었다. 그 깊은 상처가 그녀의 목숨을 빼앗아 가지 못했던 까닭은 그 행위가 그녀 자신의 의지로 저지른 것이 아니었으므로 하나님의 보호하심이 개입했기 때문이다. 그녀의 믿음이 전능하신 하나님을 굳게 붙들지 않았다면 그녀는 틀림없이 죽었을 것이다.

그리고 위에서 말한 상처를 포함해 이제껏 그녀의 몸에 나 있는 모든 상처들이 갑자기 다시 갈라지는 바람에 목숨이 극히 위태로워지는 상황이 발생하기도 했다. 그러나 나는 그때도 의연히 믿음에 의지했다. 바른 믿음은 나를 수치당하게 버려두지 않을 것이라고 생각했다. 그녀의 친구가 혼비백산하며 내게 달려와 일 분만 지체해도 그녀의 생명이 위험할 것이라고 전해 주었을 때, 나는 무거운 짐에 눌려 쓰러지듯 방바닥에 무릎을 꿇고 말았다. 하지만 곧 담대한 말로 하나님께 기도했다. 이번만큼은— 바로 그 순간에 나는 이렇게나 강인해졌다 —전달된 그 말을 듣는 즉시 출발해서 마귀에게 영예를 바치고 싶지 않았다. 그래서 그 여성에게 가서 이렇게 말하라고 시켰다.

"고트리빈! 당신은 일어나 내게로 와야 합니다. 믿음 안에서 당신은 할 수 있습니다!"

그리고 오래 지나지 않아 그녀가 계단을 올라왔다. 그때 내 마음에 밀려왔던 감격은 어느 누구도 공감하기 어려울 것이다. 여느 때와 마찬가지로 그녀의 상처가 완전히 치유되기까지 여러 날이 필요했다.

아직 말해야 할 것이 많이 남아 있지만, 확실히 기억나는 악령의 한 가지 진술을 우선 전한다. 그 악령은 자신이 40년 전 함부르크에서 죽은 의사라고 자처하며 생전의 이름을 대기까지 했고, 여섯 번 이상 마법으로 고트리빈에게 큰 맥주잔 6개 분량의 독을 서서히 주입했다고 말했다. 이 진술로 그녀가 구토했던 피와 액체들에서 아주 지독하고 역겨운 냄새가 났다는 사실이 어느 정도 설명되었다. 나는 그 냄새를 다른 어떤 것과도 비슷하다고 표현할 수가 없다(훗날 스스로 독극물에 중독되었다고 여겼던 어느 신들린 소년에게서 그 냄새를 다시 맡을 수 있었다). 이 사건을 비롯해, 이와 유사한 모든 사건들에서 예수의 이름이 승리하였다. 나는 그때마다 종종 「마가복음」 16장* 또는 「빌립보서」 2장**에 나오는 약속의 말씀만을 인용했는데, 그것으로 충분했다.

---

* "믿는 자들에게는 이런 표적이 따르리니 곧 그들이 귀신을 쫓아내며 새 방언을 말하며"(막 16:17)
** "하늘에 있는 자들과 땅에 있는 자들과 땅 아래에 있는 자들로 모든 무릎을 예수의 이름에 꿇게 하시고"(빌 2:10)

결론

악령들에 대한 최종 승리와 고트리빈의 완전한 회복

그토록 끝나기만을 고대하던 이 투쟁의 결말이 작년 말 성탄 축제 기간(1843년 12월 24-28일)에 이루어졌다. 그 시기에는 그전까지 산발적으로 닥쳐왔던 모든 일들이 집대성하여 밀어닥치는 것처럼 보였다. 게다가 어둠의 세력이 시각장애 2급인 고트리빈 디투스의 오빠와 친언니 카타리나 디투스에게까지 그 지배력을 확대했다는 사실이 나에게는 가장 안타깝고 불행한 일이었다. 나는 이제 세 사람을 상대로 극히 절망적인 투쟁을 이어 가야 했는데, 세 명의 증세가 서로 연관되어 있다는 사실을 여실히 알 수 있었다.

투쟁 과정에서 일어난 세세한 일들은 이루 다 말할 수가 없다. 그 일들은 전부 기억하기 어려울 정도로 많고 다양했다. 일생에 다시는 경험하고 싶지 않은 끔찍한 날들이었다. 그날이 닥쳐왔을 때, 말하자면 나는 내 모든 것을 거기에 걸어야만 했다. 그것은 '이기느냐 아니면 죽느냐!'의 절박한 상황이었다. 나는 극도로 긴장했지만, 그만큼 하나님의 보호하심도 더 깊이 느껴졌다. 일례로, 그때 나는 40시간 동안 깨어 있었고 금식하며 투쟁했음에도 피로하다거나 쇠약해졌다는 느낌이 전혀 들지 않았다.

그녀의 오빠가 가장 빨리 자유를 되찾은 덕분에, 나는 뒤이어 일어난 일들을 처리할 때 그에게 도움을 청할 수도 있었다. 이번 마지막 사건의 중심인물은 고트리빈이 아니었다. 고트리빈은 앞서 말했듯 어느 정도 떨어져 있는 내 집무실까지 스스로 걸어서 온 후로 완전히 자유로운 상태에 있는 듯 보였다. 문제는 그녀의 언니인 카타리나였다. 카타리나가 갑자기 사납게 날뛰기 시작한 것이다. 그녀는 과거에 이런 모습을 한 번도 보인 적 없는 조용한 여성이었다. 나는 나를 돕던 몇몇 이들과 함께 온갖 애를 써서 겨우 그녀를 결박할 수 있었다. 하지만 카타리나가 나를 천 개로 조각내 찢어 죽이겠다고 위협했기 때문에 그녀 곁으로 쉬이 접근할 수가 없었다. 카타리나는 자기 손으로— 그녀가 직접 말한 것처럼 —허공에 수도 없이 사람을 찢어 갈기는 시늉을 했고, 한껏 움츠린 채 간교한 눈빛으로 주변을 엿보다가 자신에게 손대려는 사람을 포악하게 공격했다. 그녀는 너무도 무섭게 이를 갈고 다성多聲으로 거칠게 울부짖었다. 사람들은 비열한 비방자 수천 명의 입이 그녀 안에서 하나가 되어 있다고 생각할 정도였다. 그런데 가장 놀랍고 주목할 만한 사실은 그때 카타리나의 정신이 완전히 멀쩡한 상태였다는 것이다. 사람들은 그녀에게 말을 건넬 수 있었고, 내가 그녀에게 날카롭게 훈계하고 경고했을 때 그녀는 자기 의지와 상관없이 소리 지르고 거칠게 행동할 수밖에 없다고 대답하기까지 했다. 우리는 그녀가 아무 짓도 저지르지 못하도록 그녀를 계속 묶어 두어야 했다. 나중에 모든 일이 지나고 끝이 났을 때 카타리나는 자신이 행한 일들을 전부 정확하게 기억하고 있었다. 그중에는 가장 난폭하고 소름 끼치는 살인 시도도 있었다. 이런 강렬한 기억들이 떠오를 때면 카타리나는 쓰러져 정신을 잃었고, 나는 며칠 동안 특별히 그녀를 맡아 끈질기고 진지한 기도를 계속해야 했다. 그런 후에야 비로소 그 기억들은 그녀에게서 서서히 사라졌다.

그 과정에서 악령(Dämon)은 카타리나의 몸을 통해 자신의 특이한 정체를 드러냈다. 그 악령은 자신이 죽어서 인간의 몸을 벗어난 '영'(Menschengeist)이 아니라, 더 신분이 높은 '사탄의 천사'(Satansengel)이자 마법 부리는 모든 일에서 가장 높은 우두머리라 자처하며 행동했다. 또한 사탄에게서 마법의 권세를 받았고, 자신이 사탄의 왕국을 부흥시키기 위해 지옥의 은밀한 마법 공작을 다양하게 나눠 세분화했다고 말했다. 덧붙여 자신이 지옥의 심연으로 내려가기 위해 최후의 치명타를 날리는 마법을 부렸으니 그 타격으로 카타리나는 오랫동안 천천히 피를 흘려야만 한다고 위협했다.

그러나 한밤이 되어 자정이 지났을 무렵, 그 악령은 갑자기 활짝 열린 지옥의 분화구를 보는 양 굴었다. 그 순간 카타리나의 목에서 여러 번 괴성이 울렸고, 그 소리는 끔찍하게도 거의 15분 동안 이어졌다. 그것은 절망의 외침이었다. 주변에 있었던 모두를 공포에 떨게 할 만큼 소리가 너무 크게 울려, 이러다간 집 전체가 무너질 것만 같았다. 세상에서 그보다 더 큰 공포를 일으키는 전율은 떠올릴 수도 없을 것이다. 빠뜨리지 말고 기억해 두어야 할 점은 당시 마을 사람들 가운데 절반 이상이 그 소리에 경악하면서 그제야 이곳에서 벌어지고 있던 투쟁에 대해 알게 되었다는 사실이다. 뒤이어 카타리나에게 지독한 경련이 들이닥쳤다. 그녀는 사지를 모두 각각 흔들고 있는 것처럼 보였다. 악령은 두려움과 절망에 빠진 것처럼 보였지만, 그럼에도 조금도 물러나지 않은 채 강력하게 저항했다. 악령은 하나님께 표징을 내놓으라고 도전했다. 그러고는 온 땅을 뒤흔드는 하늘의 표징을 확실히 보여 주기 전까지 그녀의 몸 밖으로 나가라는 명령을 하지 말라며 무례하게 요구했다. 악령 자신은 다른 죄인들처럼 비굴하게 자기 역할을 포기해 내려놓지 않고, 명예롭게 지옥으로 내려가겠다고 부르짖었다. 절망, 악의, 저항, 오만이 이렇게나 끔찍하게 섞인 괴성은 그 어디서도 들을 수 없을 것이다.

그 사이 보이지 않는 세계에 예견되었던 파멸이 점점 더 빠르게 준비되는 듯했다. 우리는 마침내 가장 큰 충격을 안겨 준 순간을 맞이했는데, 이것은 눈과 귀로 직접 체험한 증인이 아니라면 누구도 상상할 수 없을 광경이었다. 새벽 2시경 자칭 '사탄의 천사'라는 자가 카타리나의 몸을 통해 울부짖었다. 그때 카타리나는 머리와 상체를 의자 등받이 너머로 눕듯이 늘어뜨려 천장을 응시하는 기괴한 자세를 취했고, 사람의 목에서 나오는 것이라고는 도저히 생각할 수 없는 엄청난 괴성으로 이렇게 소리 질렀다.

"예수는 승리자시다, 예수는 승리자시다!"(Jesus ist Sieger!)

이 말은 아주 넓게 멀리까지 울려 퍼졌다. 누구나 알아들을 수 있을 만큼 또렷했으며, 주변의 모든 사람에게 결코 지울 수 없는 강한 인상을 남겼다. 바로 그 순간 악령의 권세와 힘이 서서히 파괴되는 것이 보였다. 악령은 점차 조용해지고 얌전해졌으며 움직임이 적어졌다. 그리고 마침내 죽어가는 사람에게서 생명의 불꽃이 사그라지는 것처럼 그 형체를 완전히 알아볼 수 없게 되었다. 그때는 이미 날이 밝아 시곗바늘이 8시를 가리키고 있었다.

비로소 2년에 걸친 고된 투쟁이 끝나는 시점이었다. 투쟁이 이렇게 승리로 매듭지어졌기에, 나는 다가오는 주일에 "마리아의 찬송"이라고 주초에 미리 정해 놓은 설교 제목으로 승리의 기쁜 소식을 모두에게 알릴 수 있으리라 확신했다. 물론 그 후에도 많은 물건을 치우고 청소하는 일이 남아 있었지만, 그것은 이미 무너진 건물의 잔해에 불과했다. 2급 시각장애인이었던 카타리나의 오빠는 수줍고 겸손하며 깊은 믿음과 기도하는 힘을 가진 독실한 기독교인이었는데, 그 일이 있고 나서는 내게 거의 부담을 지우지 않았다. 때때로 그를 향한 사탄의 공격이 있었지만 다른 사람들이 알아차리지 못할 만큼 사소한 것이었다. 카타리나 또한 그 후에도 일정 기간 동안 종종 특이한 정서적 공격을 받아 경련을 일으키는 증세를 보였다. 하지만 그때마다 곧바로 회복했으며, 그녀에게 그런 일이 일어났었다는 사실을 지금까지도 사람들은 모르고 있다는 점을 덧붙여 말해 두고 싶다.

그 후 얼마 동안 몇 가지 일이 고트리빈에게 발생했다. 그러나 그것들 역시 지난날 어둠의 세력들이 벌였던 실패의 헛된 반복에 불과했고, 내게 큰 도전은 되지 않았다. 그렇다. 뒤늦게 이어진 몇몇 사건들을 겪으며 그녀가 이제 완전히 건강한 상태에 도달했다는 사실이 서서히 밝혀졌다.

이전에 그녀가 겪어야 했던 모든 질병들, 곧 의사들도 잘 알고 있었던 부종,浮腫 짝발, 복통 등이 완전히 치료되었다. 투쟁을 이겨 낸 그녀는 더욱 강건해지고, 건강한 상태가 오래 지속되었다. 그렇게도 잔혹했던 시간이 지나간 지금, 그녀가 모든 면에서 완전히 회복되었다는 사실은 하나님의 진정한 기적이라고 생각해야 할 것이다.

고트리빈은 성경적으로 사려 깊게 생각하고 말하여 모두가 크게 기뻐할 상태로까지 호전되었다. 차분하고 겸손한 태도, 품위 있고 지성적인 말투와 단호하지만 검소한 생활을 보고, 많은 사람들은 마음속 깊은 곳까지 그녀가 하나님께서 귀히 쓰시는 축복받은 도구라고 생각하게 되었다. 훌륭하고 가치 있는 그녀의 성품은 그녀가 아이들을 돌보는 방식에서 선명히 드러난다. 나는 그녀만큼 깊은 통찰력, 사랑, 인내, 배려 등으로 아이들을 대하는 다른 사람을 알지 못한다. 그래서 나는 필요할 때마다 내 아이들도 기꺼이 그녀에게 맡기고 있다. 과거에 그녀는 공업 과목의 교사로서 여러 해 동안 모든 사람이 흡족해할 만큼 학생들을 잘 가르쳤고, 그 어려운 시련이 닥치던 시기에도 강의를 중단한 적이 한 번도 없었다. 이에 대해 나는 놀라고 감사하는 마음으로 우리 모두를 지켜 주시는 하나님의 섭리를 돌아볼 뿐이다. 지금 나는 그녀의 도움을 받아 유치원을 개원했는데, 책임감이 이토록 강한 그녀이니만큼 이 유치원을 맡길 적임자는 따로 찾기 어려울 것이라고 생각한다.

1844년 8월 11일, 뫼틀링엔에서
목사 블룸하르트

후기

위의 긴 보고서를 쓰고 난 뒤로, 6년의 세월이 흘렀다. 이 글을 읽었던 독자들 중 몇몇은 지금 고트리빈이 어떻게 지내고 있는지 무척 궁금할 것이라 생각된다. 이에 대해 짧게 답하겠다. 그녀는 내가 사는 집으로 완전히 옮겨 와서 우리 가족과 벌써 4년을 함께 지냈고, 내 아내의 가사와 육아를 돕는 신실하며 사려 깊고 든든한 도우미가 되었다. 내 아내는 고트리빈을 깊이 신뢰해서 크고 작은 집안일을 안심하고 그녀에게 맡기고 있고, 상황에 따라서는 모든 권한을 그녀에게 맡기기도 한다. 우리 가족 그리고 그간 우리 집을 방문했던 모든 사람들이 그녀를 어떤 인물로 받아들이는지에 대해서는 다른 이들에게 증언을 맡기고 싶다. 그녀를 알게 된 사람이라면 그녀의 인격에 대해 누구나 칭찬하고 존중한다는 것을 알고 있기 때문이다. 더 나아가 정신 질환자들을 치유하는 나의 사역에서도 그녀는 없어서는 안 될 존재가 되었다. 정신 질환으로 고통을 겪는 환자들은 그녀와 마주하는 즉시 그녀를 깊이 신뢰한다. 그럴 때면 내가 그들과 나눠야 하는 대화 시간은 크게 줄어든다.

덧붙여야 할 것은 그녀가 우리 집에서 하녀로서 머문 것이 아니라는 사실이다. 그녀는 내게 감사하는 마음이 컸기에 가사노동에 대한 보수를 받으려고 하지 않았다. 그녀는 나의 양녀가 되어 가족처럼 여겨지고, 또 실제로 그렇게 되기를 원했다. 지금은 그녀의 언니 카타리나와 앞서 언급했던 2급 시각장애인 오빠까지 모두 우리의 가족이 되었다.

역자 해제

"예수는 승리자시다!"(Jesus ist Sieger!)는 1843년 독일 남서부의 작은 마을 뫼틀링엔에서 성탄절 축제 기간인 한겨울밤에 온 마을이 깜짝 놀랄 만큼 큰 소리로 울려 퍼졌던 기괴한 음성의 외침이다. 이것은 일찍 부모를 잃은 연약한 여성에게 빙의憑依한 이른바 '사탄의 천사'의 절망적인 부르짖음이었으나, 그 후 오직 믿음과 기도로 그 악령을 퇴출했던 블룸하르트 목사의 표제어로 변했으며 뒤따르는 후손들을 향한 예언자적 외침이 되었다. 거의 2년 동안 끈질기게 지속된 악령과의 투쟁 과정을 기록해 종교국에 제출한 블룸하르트 목사의 이 공식 보고서는 상상하기 어려운 이상한 사건들로 가득 차 있다. 육체의 죽음 이후에 사후 존재로서 나타난 혼령과 악령들의 음성이 들려오고, 살아 있는 사람이 그것들과 대화하며, 그것들이 마법으로 일으키는 극히 혐오스러운 초현실적 사건들이 소개된다. 바라보던 많은 사람이 경악하는 가운데 당사자인 고트리빈과 그녀의 형제자매들은 피투성이가 되고 몸이 갈라지는 등 말로 표현할 수 없는 큰 고통을 겪는다. 그러나 "예수는 승리자시다!"라는 절망적인 부르짖음과 함께 마침내 악령은 그 집에서 떠나갔으며, 그 과정을 지켜보던 모든 마을 사람들은 잃었던 신앙을 회복하고 예수께 돌아와 선교 공동체를 형성했다. 이 공동체는 아들 블룸하르트 목사의 대까지 계속 부흥했고, 두 세대에 걸쳐 일어난 놀라운 사건으로 교회사 안에 의미 있는 기록을 남겼다. 20세기를 대표하는 신학자 칼 바르트는 『교회교의학 Ⅳ/3-1권』(대한기독교서회, 2017)*Die Kirchliche Dogmatik*, 이후 각주에서는 KD로 표기하겠다.에서 이 사건을 중요하게 다루었다. 짧게 요약하면 다음과 같다.*

그것은 '부활하신 예수 그리스도의 영원한 생명의 새로운 시작'이며, '그분 안에서 발생한 죄의 용서를 선포하는 능력과 기쁨'이고, 그분 안에서 가까이 다가온 '하나님 나라 및 통치의 현실'이며, 그 통치의 '알림'인 동시에 모든 육체 위에 부어진 성령과 함께 출현한 '새 하늘과 새 땅을 향한 계시'다.

과연 사실일까?

이처럼 놀랍고 충격적인 보고서를 읽고 '그 모든 일이 과연 사실이었을까?'라는 의심을 품지 않을 사람은 없을 것이다. 빙의 현상과 다중 인격의 정신 질환 증세는 의학적으로도 어느 정도 알려져 있다. 하지만 죽은 사람의 혼령이 나타나 산 사람과 대화한다거나 특히 바늘이나 독극물 같은 물체가 기묘한 흑마술黑魔術을 통해 인간의 몸속에 넣어졌다는 초현실적인 사

---
* KD Ⅳ/3, 199~202(이하 모든 쪽수는 해당 부분의 국역본 쪽수를 기재한 것이다).

건 이야기를 읽고 처음부터 쉽게 믿을 사람은 없다. 더구나 이런 기적적인 일을 과학적으로 증명한다는 것은 불가능하다. 초현실 사건을 현실 세계의 법칙으로 증명할 수는 없는 것이다. 그렇다면 블룸하르트 목사가 보고하는 사건들이 거짓이나 창작이 아니고 실제로 발생했다는 것을 어떻게 알 수 있을까? 블룸하르트 목사 자신은 믿지 않겠다는 사람들을 설득할 생각이 없다고 말한다. 이런 전대미문의 사건을 믿지 않으려 하는 것이 당연하다고 여겼기 때문이다.

그러나 블룸하르트 목사는 자신이 직접 겪으며 보고 들었던 사건들의 진실성을 보증하기 위해 다수의 목격자와 증인들을 예시한다. 빙의 당사자인 고트리빈의 집을 방문할 때마다 언제나 블룸하르트 목사는 신뢰할 수 있는 주변인 서너 명과 동행했다. 이들은 악령이 일으킨 마법 사건들을 함께 목격하고, 비극적 상황의 해결을 위해 온몸으로 투쟁하는 블룸하르트 목사를 도왔다. 그중에는 블룸하르트 목사의 아내도 있었다. 그렇다면 이 사건들이 사실인지 아닌지를 판단하기 위해서 우선 증언하는 목격자들의 진정성에 주목해야 할 것이다. 블룸하르트 목사 개인의 '나 홀로' 경험담에 그친다면 신뢰하기 어려울 수 있지만, 다수가 한 목소리로 같은 사건을 증언하고 있다면 그 누구라도 성급하게 이 사건들이 거짓이나 문학적 창작이라고 단정하기 어려울 것이다. 더구나 그 목격자들 전부가 그 사건 이후 하나님을 경외하는 신앙을 지켰으며 2대에 걸쳐 블룸하르트 목사 부자父子를 신뢰하고 따르면서 경건한 선교 공동체를 이루었다.

이처럼 목격자들의 증언에 기초해 사건의 진실성을 판단하는 것은 예수 그리스도의 부활 사건의 진실성 판단과 맥락을 같이한다. 십자가에서 죽으시고 사흘 후에 부활하신 사건을 일반 논리나 법칙으로 증명하려는 시도는 처음부터 무의미하다. 그러나 부활 사건은 그 이후 여러 세대에 걸쳐 주일예배 공동체를 형성하고 부활 신앙을 고백하다가, 마침내 신약성경을 남긴 '최초의 증인들'의 진실성에 따라 사실로 판단할 수 있다. 이러한 맥락에서 칼 바르트는 블룸하르트 목사가 보고한 이 놀라운 사건을 서술한 후 마지막에 이렇게 묻는다.* "우리는 이 말씀을 듣고 있는가, 듣지 않고 있는가?"

칼 바르트의 블룸하르트 수용

바르트는 화해론을 다루는 『교회교의학 Ⅳ』의 중심 단락에 "예수는 승리자시다"라는 제목을 붙였다.** 악령과 맞섰던 블

---

* KD Ⅳ/3, 202.
** 해당 부분(Ⅳ/3-1권의 16장 69항 3절)의 국역본 전체 분량은 120쪽에 달한다. 블룸하르트의 보고서에 대한 소개와 평가도 이 부분에 자리한다.

룸하르트 목사의 투쟁 과정은 바르트의 화해론을 위한 길잡이가 되었을 뿐만 아니라 크게 보아 『교회교의학』 전체에, 더 나아가 그의 삶 자체에 영향을 준 것으로 평가된다. 바르트는 블룸하르트 목사의 사역에 대해 이렇게 말한다.*

> 부활하신 예수님께 간절히 매달려 기도하는 가운데 인간의 몸에 침입한 악령들을 추방했던 블룸하르트 목사의 예언자적 외침은 지금까지 우리가 전혀 몰랐던 일이 아니고, 해 아래 벌어진 새로운 사건도 아니다. 오히려 그 외침은 신약성경의 모든 말씀을 가장 간결하게 요약하는 진술이다. "예수는 승리자시다"라는 외침의 배후에는 직간접적으로 신약성경 전체의 중심 증언이 울려 퍼지고 있는 것이다.

그러나 바르트는 블룸하르트 목사의 이 증언이 당대(19세기 전반)에는 고독한 외침에 그쳤다고 본다.** 당시에는 헤겔 철학과 괴테 문학이 독일 지성계를 지배했고, 슐라이어마허의 학문적 신학이 독일의 국가교회를 이끌고 있었다. 교회의 담장 안팎 모두에서 그의 외침은 주목받지 못했다. 심지어 경건주의자나 근본주의자들도 블룸하르트라는 존재를 주목하지 않았다.

---

* KD IV/3, 199.
** KD IV/3, 202.

이제 21세기 초반 대한민국 땅에서 우리가 블룸하르트 목사의 외침에 주목해야 할 까닭은 무엇일까? 그것은 바르트가 말한 것처럼 그 외침이 신약성경의 가장 깊은 증언을 일깨워 주기 때문이다. 그것은 인간의 '죽음 이후' 운명에 관한 증언이다. 신약성경은 죽음 이후에도 지속되는 인간 영혼의 존재와 그 존재가 거주하는 초현실적인 사후 세계에 대해 알려 준다. 십자가 죽음 후에 일어난 예수 그리스도의 부활과 그분의 나타나심은 바로 그 세계를 가리키는 하나님의 계시 사건이다. 바르트에 의하면 신약성경의 모든 단어와 문장은 죽음을 이기고 부활하신 분의 숨결을 호흡하고 있다.요 20:22 참조 신약성경 전체가 십자가 죽음 후 부활하신 분에 대한 증언이며, 구체적으로는 그분의 부활을 목격한 목격자들의 증언이다. 바르트는 이러한 맥락에서 블룸하르트 목사가 경험한 "예수는 승리자시다!"라는 사건을 인용하고, 악령이 부르짖은 그 외침을 「마가복음」 1장 23-24절과 연관시킨다.*

> "마침 그들의 회당에 더러운 귀신 들린 사람이 있어 소리 질러 이르되 나사렛 예수여 우리가 당신과 무슨 상관이 있나이까. 우리를 멸하러 왔나이까. 나(우리)는 당신이 누구인줄 아노니 하나님의 거룩한 자니이다"

---

* KD IV/3, 200.

이와 같이 바르트는 블룸하르트 목사가 겪은 사건들이 부활하신 분에 관한 신약성경의 증언과 부활하신 예수님의 '현재적 사역'에 직접 관련이 있다고 판단하고, 그의 투쟁을 이렇게 요약한다.*

(1) 블룸하르트 목사와 고트리빈의 형제자매가 겪은 저 고통스러운 사건은 의심할 바 없이 신약성경에서 흔히 언급하는 마귀의 강제적 점령(Überwältigung, 빙의)의 형태였다.
(2) 블룸하르트 목사의 목회적 개입은 그 자신의 행위라기보다 부활하신 예수께서 직접 행하시는 투쟁에 동참한 것이다.
(3) 마지막 승리의 순간에 일어난 완전한 치유 사건 또한 부활하셔서 지금 살아 계신 예수께서 인간을 유혹하고 지배하고 괴롭히는 악마적인 힘과 정면충돌해 승리하신 사건이었다.

이처럼 바르트는 블룸하르트 목사의 투쟁이 부활하신 예수께서 하나님께 대적하는 마귀와 대결한 투쟁이었다고 설명한다. 또한 블룸하르트 목사 자신도 그렇게 고백한다. 자신은 끊임없는 기도로 그분의 사역에 동참했을 뿐, 모든 일은 부활하

---
* KD IV/3, 200.

신 예수님 당신의 사역이었다는 것이다. 뫼틀링엔에서 일어난 사건이 부활하신 예수께서 직접 행하신 사역이었다는 블룸하르트 목사와 바르트의 신앙고백을 받아들인다면, 이 사건은 인류 전체를 향한 계시 사건으로 이해되어야 한다. 기독교 신앙에 따르면 부활하신 예수께서 이루신 사역은 하나님의 계시 사건이며, 계시란 인류 전체를 향한 메시지다. 이 점에서 우리는 블룸하르트 목사가 보고한 사건을 새롭게 바라보면서, 그간 서구 신학이 어떤 주제를 소홀히 해 왔고 이제는 무엇을 배워야 할지 생각해 보는 기회로 삼아야 한다. 큰 윤곽에서 말한다면 근세 이후 서구 신학은 (부활 사건을 종말론적 주제로 삼았던 일부 신학자를 제외하고) 대체로 신약성경에 관해 말하면서도 그 증언의 핵심인 부활 사건에 대해서는 무관심하거나 일종의 미제 사건으로 남겨 두려고 했다. 그 결과 서구 신학을 따랐던 한국 신학도 신약성경의 중심 사건인 '부활'과 인간의 '죽음 이후'에 대해 바르게 증언하기 어려워졌다. 지금까지 현세 중심이었던 신학의 길을 돌이켜 신약성경의 중심 메시지인 부활 사건에 다시 주목하고 성찰해야 할 과제가 우리에게 주어져 있다. 블룸하르트 목사의 외침은 신학이 이렇게 바른 주제로 돌이키는 길에서 진실한 기독교인들에게 생명의 빛을 비추는 인도자 역할을 할 수 있을 것이다.

죽음을 이기신 "승리자 예수"

칼 바르트의 『교회교의학 IV/3-1』은 인간 예수의 인격 안에 창조자 하나님께서 등장하셨다는 주제에 집중한다. 이 주제의 근거는 예수께서 부활하신 후 40일 동안 지상의 제자들에게 '나타나신' 사건들이다. 다시 말해 부활하신 예수께서 제자들에게 나타나셨던 40일의 기간이 기독교 신앙의 근원이고 중심이다. "예수는 승리자시다!"라는 외침으로 끝나는 블룸하르트 목사의 사건은 이러한 부활의 증언과 연결시켜 이해하면 죽음 이후의 빛을 비추는 본질적 메시지를 밝힐 수 있다. "예수는 승리자시다!"라는 단락을 시작하면서 바르트는 우선 '승리' 개념을 바르게 이해하기 위한 신약성경의 배경을 설명한다. 그것은 예수께서 죽음을 이기신 영원한 승리를 뜻한다. 이와 관련해서 바르트가 인용하는 성경 구절들은 다음과 같다.

"세상에서는 너희가 환난을 당하나 담대하라. 내가 세상을 이기었노라" 요 16:33下

"통치자들과 권세들을 무력화하여 드러내어 구경거리로 삼으시고 십자가로 그들을 이기셨느니라" 골 2:15

"이제는 우리 구주 그리스도 예수의 나타나심으로 말미암아 나타났으니 그는 사망을 폐하시고 복음으로써 생명과

썩지 아니할 것을 드러내신지라"딤후 1:10

"자녀들은 혈과 육에 속하였으매 그도 또한 같은 모양으로 혈과 육을 함께 지니심은 죽음을 통하여 죽음의 세력을 잡은 자 곧 마귀를 멸하시며"히 2:14

"또 내가 하늘이 열린 것을 보니 보라 백마와 그것을 탄 자가 있으니 그 이름은 충신과 진실이라. 그가 (…) 만국을 치겠고 친히 그들을 철장으로 다스리며 또 친히 하나님 곧 전능하신 이의 맹렬한 진노의 포도주 틀을 밟겠고"계 19:11, 15

"유대 지파의 사자 다윗의 뿌리가 이겼으니"계 5:5中

(일곱 나팔 소리에 대한 하늘로부터의 대답) "세상 나라가 우리 주와 그의 그리스도의 나라가 되어 그가 세세토록 왕 노릇 하시리로다"계 11:15; 비교. 12:10

"이 썩을 것이 썩지 아니함을 입고 이 죽을 것이 죽지 아니함을 입을 때에는 사망을 삼키고 이기리라고 기록된 말씀이 이루어지리라"고전 15:54

"그러나 이 모든 일에 우리를 사랑하시는 이로 말미암아 우리가 넉넉히 이기느니라"롬 8:37

"우리 주 예수 그리스도로 말미암아 우리에게 승리를 주시는 하나님께 감사하노니"고전 15:57

"무릇 하나님께로부터 난 자마다 세상을 이기느니라. 세상

을 이기는 승리는 이것이니 우리의 믿음이니라"요일 5:4

"항상 우리를 그리스도 안에서 이기게 하시고 (…) 나타내시는 하나님께 감사하노라"고후 2:14

이러한 구절들에 기초해서 바르트는 신약성경 전체가 최종적으로 바로 죽음 자체를 멸하는 부활의 승리를 선언한다고 말한다. 신약성경 안에서 이 방향으로 말하지 않는 곳은 없다. 신약성경의 모든 단어와 구절은 부활을 호흡하고 있다. 신약성경은 죽음을 이기고 부활하신 예수 그리스도에 대한 증언이다.

그렇다면 "예수는 승리자시다!"라는 외침에서 '승리'는 하나님께 대적하는 마지막 원수인 '죽음'의 극복을 뜻하고, 더 나아가 죽음 저편에서 '영의 몸'으로 다시 깨어나는 부활 사건을 가리킨다. 약탈적 자본주의 시대에서 말하는 모든 자아도취적 승리는 죽음과 함께 조용히 끝난다. 그런 헛된 승리는 빠르든지 늦든지 인간에게 다가오는 죽음의 그림자와 함께 사라진다. 이것이 믿음의 눈이 바라보는 실상이다. "예수는 승리자시다!"라는 블룸하르트 목사의 예언자적 외침은 죽음의 어두운 종말이 이르기 전에 진리의 실상을 깨닫고 돌이킬 기회를 준다. 진정한 승리는 육체에 깃든 생명이 '죽음 이후'에도 지속된다는 믿음에서 온다.요일 5:4 참조 이것이 부활하신 예수께서 십자가 죽음 이후에 제자들에게 나타나셔서 보여 주신 계시고, 죽음을 향한 짧은 인생길을 가는 우리에게 주시는 참 소망이다. '죽음 이후'에 관하여 우리는 무엇을 알 수 있을까?

사후死後 존재: 부활 현현顯現과 혼령魂靈의 출몰

블룸하르트 목사의 보고서에서 독자들에게 충격을 주는 첫 번째 사건은 이미 죽은 여인이 혼령의 형체로 나타났다는 증언일 것이다. 보고서는 죽은 자들이 육체의 존재가 아닌 유령과 같은 형태로 출몰하거나, 고트리빈의 몸을 강제로 점거하고는 자기 정체를 드러내는 사건들을 자주 묘사한다. 죽은 사람들의 사후 존재인 혼령은 고트리빈의 몸을 통해 생전의 자기 신분을 말하기도 하고, 주변 사람들을 위협하거나 공격하기도 하며, 끝내는 고트리빈의 몸에 해를 입혀 죽이려고 시도한다. 이런 사건들을 목격하고 경험했다는 블룸하르트 목사의 증언이 사실이라면, 한 인간의 인격이 죽음과 함께 무無로 해체된다거나 죽은 다음에는 아무것도 없다는 현대인의 생각은 틀린 것이 된다. 살아 있는 동안 이뤄 낸 한 인간의 인격과 성품은 육체의 죽음 이후에 사후 존재가 되어 계속 살아 있다. 모든 인간은 죽음 이후에도 하나님 앞에서 여전히 인격체로서 살아 있는 것이다. 특히 부활에 관한 신약성경의 말씀이 이 사실을 구체적으로 증언한다. 다만, 의인은 죽음 이후에 유령과 같은 혼잡한 혼령의 형체가 아니라 '영의 몸'으로 살아 있게 된다. 이 사실은 부활하셔서 제자들에게 나타나신 예수 그리스도의 계시 사건에서 알려진다.

예수 그리스도께서는 십자가 죽음 이후에 '영의 몸'으로 제자들에게 나타나셨다. 그때 제자들은 그분이 생전에 갈릴리 해변과 예루살렘 성전에서 복음을 전파하며 보이셨던 메시아적 인격을 그대로 인지할 수 있었다. 다시 말해 그분의 생전 인격과 사후 존재인 부활의 영체靈體 사이에는 분명한 연속성이 있다. 하나님의 아들로서 한 인간의 삶을 사셨던 바로 그 선생님이 '죽음 이후의 존재' 곧 영의 몸을 입으신 부활의 존재로서 제자들 앞에 다시 나타나신 것이다. 이것은 땅에서 육체로 살았거나 살아가는 과거-현재-미래의 모든 인간에게 주시는 하나님의 영원한 계시 사건이다. 인간의 몸을 점령해서 출몰하는 악령과 마귀의 사건이 어떻게 그 영원한 부활 사건의 그림자일까?

부활 현현과 혼령 출몰의 차이

부활하신 후 제자들에게 나타나신 예수 그리스도와 한밤중 불길한 현상을 일으키며 나타난 혼령 사이에는 결정적인 차이가 있다. 부활하신 예수께서는 '영의 몸'으로 나타나셨다는 사실이다. 제자들은 나타나신 그분의 몸에서 창에 찔린 상흔을 보고 만졌다. 영의 몸, 곧 영체는 현재 인류가 알지 못하는 초현실적 물질로 이뤄졌다고 생각된다. 그분이 하늘로부터 발하는 "해보다 더 밝은 빛"행 26:13은 너무 강렬해서 사울의 눈을 사흘 동안 멀게 할 정도였다. 이와 달리 죽은 인간의 비정상적인 사후 존재인 혼령에게는 몸이 없다(C. S. 루이스가 쓴 판타지 소설 『천국과 지옥의 이혼』에 비추어 보자면, 하나님을 떠난 영적 존재에게는 실재성이 결여되어 있다고 볼 수 있다). 블룸하르트 목사가 경험한 사건들에서 혼령 또는 악령은 고트리빈과 그 형제자매처럼 살아 있는 사람의 영혼에 강제로 침입하고, 그들의 얼굴과 몸을 흉악하게 변형시켜 자기 모습을 어렴풋이 드러낸다. 살아 있는 사람의 몸에 침입한 혼령 또는 악령은 그 사람의 몸속에 은밀히 숨어 있기도 하고, 축출될 위험에 내몰리는 투쟁 중에는 대놓고 험악한 말과 행동을 한다. 부활의 존재에게는 영의 몸이 있지만 혼령과 악령에게는 없다는 것, 이것이 결정적인 차이다.

그러나 양쪽의 사건 모두 생전 개인의 인격과 성품이 담긴 인간적 정체성이 육체의 죽음 이후에도 계속 존재한다는 사실을 알려 준다. 이 점에서 블룸하르트 목사가 경험한 사건들은 예수 그리스도의 부활 사건을 그림자처럼 증언하고 있다고 말할 수 있다. 다시 한번 강조해야 할 것은 구원자 예수님을 주님으로 받아들여 그분과 함께 부활에 이르는 사람들에게는 영의 몸이 있지만,롬 6:5 참조 생전에 마귀에게 매여 종노릇하던 사람들에게는 사후에 영의 몸이 없다는 사실이다. 후자에 속한 사람들의 영혼은 죽음의 순간 육체와 분리된 후, 몸이 없는 혼이라는 비정상적인 상태에 놓이는 것으로 보인다. 이 보고서의 시작 부분에서 출몰한 죽은 여인의 혼령이 고트리빈에게 처음으로 들려준 말은 "난 좀 쉬고 싶어"였다. 죽음과 함께 몸에서 분리되었지만 영의 몸을 가지지 못한 혼은 평안을 누리지 못하고 이리저리 쉴 곳을 찾아 떠돌아야 하는 상태임을 알 수 있다. 쉴 수 없기 때문에 혼령과 악령은 빈틈이 보이는 살아 있는 인간의 몸과 영에 침입해 점령하려고 한다. 이것은 오랜 인생길을 가면서 남에게 입히는 피해에 무감각했던 인격들이 사후에도 어떻게든 자기 쉴 곳만 마련하려는 이기적인 시도로 나타난다. 이른바 빙의 현상이 나타나는 것이다. 그렇게 타인의 육체를 강제로 점령할 때, 갈 곳 없는 혼령과 악령들은 잠시나마 쉴 수 있게 된다고 추측해 볼 수 있다.마 12:43-45 그러나 블룸하르트 목사는 고트리빈의 몸을 점거한 그런 허무한 사후 존재들에게 "주님이 네게 명하시는 곳으로 떠나라!"라고 명령한다. 그런 식의 점거는 하나님의 창조 질서와 조화를 이룰 수 없기 때문이다. 그런 허무한 것들은 '주님이 명하시는 곳'으로 떠나야 한다.

'영의 몸'을 이루어 가는 삶

예수께서 죽음을 이기고 부활하셨다는 하나님의 영원한 계시 사건을 받아들이지 못하는 사람, 땅의 나그네 삶에서 깨어나 죽음 이후 존재하게 될 영원한 영의 몸을 일상의 삶 속에서 준비하고 이뤄 가지 못하는 사람은 이미 심판에 처해 있다.요 3:18 참조 신약성경의 증언대로 예수께서 부활하셨다는 계시 사건을 믿는다면, 인간의 이 세상 삶은 각기 죽음 이후에 드러나게 될 부활의 몸을 준비하고 이뤄 가는 과정이라고 말할 수 있다. 영의 몸은 땅에서 행하는 믿음과 소망과 사랑을 영양소로 삼아 성령 안에서 조금씩 지어져 간다.엡 2:20-22 참조 이것이 기독교적 삶의 핵심이다. 누구든지 땅의 삶에서 심은 대로 죽음 이후 들어갈 하늘에서 거둘 것이다. 바울이 「고린도전서」 15장에서 말하는 것처럼 어떤 사람의 영의 몸은 해와 같이 빛나고, 다른 어떤 사람의 몸은 달과 같이, 또 다른 사람들은 별과 별들이 서로 다른 빛을 내는 것처럼 각기 구별되는 영적 빛을 발할 것이다. 그러나 인간 생명이 육체의 죽음 이후에도 지속된다는 엄연한 진리를 부정하고 현세의 삶에 매였던 사람들, 특히 보이지 않는 마귀에게 속아 그것이 유혹하는 대로 욕망의 삶을 살았던 사람들에게는 죽음 이후 영의 몸이 없다. 그들은 죽음 이후에 부활을 예비하는 하늘로 건너가지 못하며, 땅과 하늘의 경계선 근방을 떠돌며 괴로움을 겪고, 쉴 곳을 찾아 헤매게 된다. 블룸하르트 목사가 겪은 사건들과 신약성경이 이 사실을 증언한다.

천사들의 나타남과 빙의

악령들이 일으키는 빙의 사건은 성경 전체에 걸쳐 나오는 '천사의 나타남'과 뚜렷이 비교된다. 천사들은 땅 위로 내려왔을 때 인간의 몸의 형상으로 나타나거나, 아니면 잠든 인간의 꿈이나 초의식 상태 속에 나타나 하나님의 메시지를 전하지만, 인간의 몸이나 인격에 강제로 침입하는 빙의 사건을 일으키지 않는다. 창조자 하나님께 속한 선한 영들은 자유 의지를 지닌 인간의 영을 억압하거나 괴롭히지 않는다. 이 점에서 천사들의 나타남은 악령들이 일으키는 빙의 현상과 대조된다.

부활하신 예수 그리스도의 영은 오순절 성령강림 이후 보혜사 성령으로서 믿는 자들의 영에 직접 임재하신다. 단순하게 생각하는 사람들은 "하나님의 영의 힘이 왜 이렇게 약한가?"라고 묻기도 하지만, 하나님의 영인 성령은 인간의 자유 의지를 조금도 침해하지 않으신다. 신학적으로 표현하자면 하나님께서는 강압이 아니라 대화와 설득을 통해 인간과 만나신다. 인간이 죽음 이후 부활의 몸을 이루는 것은 현재 삶 속에서 각 개인의 완전한 자유 의지가 행사될 때만 가능하다. 부활의 몸은 영원한 신성의 한 부분을 지니며, 신성은 완전한 자유에 기초하기 때문이다.

산 자와 죽은 자의 대화

바르트는 그의 화해론에서 부활하신 예수님과 제자들 사이에 서로 주고받는 대화와 의사소통이 있었다는 사실을 강조한다.* 대화의 주도권은 오직 부활하셔서 높은 차원에 계신 주님께 있다. 먼저 그분께서 예측할 수 없는 때와 장소에 나타나셨을 때, 제자들은 그분과 대화할 수 있었다. 그분의 주도권 아래서 아직 육체에 머물고 있는 제자들과 부활 이후 영의 몸으로 나타나신 예수님 사이에 분명한 의사소통이 가능했고, 그 대화 내용은 지금 봐도 충분히 '이성적'이다. 대화를 통해 그분은 베드로와 다른 많은 제자들에게 위로와 용기를 주셨고 바울을 회심으로 이끄셨다.

죽은 자들의 혼령이 산 자들에게 출몰했던 블룸하르트 목

---

* KD IV/2(대한기독교서회, 2012), §64, 2. 이 항목(64항 2절)의 제목은 "인자의 귀향"이다.

사의 사건에서도 뚜렷이 드러나는 한 가지 특성은 살아 있는 자와 죽음 이후 저편 세계로 건너간 혼령과 악령들 사이에 구체적이고 현실적인 대화가 가능했다는 사실이다. 블룸하르트 목사가 지켜보는 가운데 고트리빈의 몸을 점거해 나타난 혼령과 악령들은 사람들이 상상 속에서 지어낸 괴물들이 아니었다. 혼령과 악령들은 생전에 자신이 누구였는지 구체적인 직업과 이름을 대기도 했다. 그중에는 블룸하르트 목사가 뫼틀링엔에 부임해 목회를 시작한 후에 서로 알고 지내다 사망한 혼령들도 있었고, 자신이 멀리 북쪽 함부르크에서 생전에 의사였다고 말한 악령도 있었다. 악령들과 나눴던 이런 대화는 땅에 머물고 있는 산 자들의 세계와 죽은 혼령들이 머무는 아직 알려지지 않은 차원이 (비정상적이기는 하지만) 서로 연결될 수 있고, 그 사이에 의사소통도 가능하다는 사실을 암시한다. 대화를 보고하면서 블룸하르트 목사는 (1)혼령 (2)악령 (3)마귀 (4)사탄이라는 용어를 조심스럽게 구분해 사용한다. 그의 보고서에 기초해서 이해한다면, 이것들은 예를 들어 다음과 같이 설명할 수 있다.

(1) 혼령(etwas im Geiste): 살아 있는 동안 믿음과 소망과 사랑으로 미래의 '영의 몸'을 이루지 못한 사람의 영혼은 죽음 이후에 몸이 없는 상태의 혼령이 되어 쉬지 못하고 떠돈다. 영의 몸

이 없으면 부활하신 주님이 계신 '하늘'로 건너갈 수 없는 것으로 보인다. 몸이 없는 혼령에게는 '쉼'이 없다는 점이 특징적이다. 이 사실에 대해서는 신약성경도 증언한다. 피곤해진 혼령들은 영적인 힘이 약해진 인간들, 또는 마법의 유혹에 굴복한 사람들의 육체에 강제로 들어가려고 시도한다.눅 11:24-26 참조 혼령들은 때로 사람의 몸이 아니라 누군가의 집(예: 블룸하르트 목사의 집)이나 그 집 앞의 뜰에 머물 수도 있다. 그래서 심지어 설교 말씀이 선포되는 예배당 안에 머물게 해 달라고 간청하기도 한다. 블룸하르트 목사가 경험으로 깨달은 중요한 통찰 중 하나는 죽음 이후 영의 몸이 없는 혼령에게도 자유 의지가 있고, 그래서 마귀의 속박을 거부하고 하나님의 뜻과 선하심을 선택하는 바른 결정을 내릴 수 있다는 사실이다(물론 우리는 그의 말을 성경에 비추어 접근해야 한다. 그가 경험에서 얻은 통찰을 성경으로 점검해 보면 무조건 믿을 수 있는 게 아니라는 사실이 분명해질 것이다). 고트리빈의 몸을 점거해서 나타났던 유아 살해범 여인의 혼령은 블룸하르트 목사에게 자기를 위해 기도해 달라는 부탁을 하기까지 한다. 물론 블룸하르트 목사는 이것이 '죽은 자들을 위한 기도'라는 일반 교리와는 다르다고 즉시 선을 긋는다. 그러나 그 혼령이 고트리빈의 몸을 통해 모습을 드러내며 간절히 애원하고 눈물을 흘릴 때, 그의 마음은 흔들린다. 그래서 블룸하르트 목사는 "만일 예수님이 허락하신다면…"이라는 엄격한 조건 아래 그 혼령을 위해 기도해 줄 수 있다는 결론을 내린다. 그 후 많은 혼령들은 "주님께서 네게 지시하신 곳으로 떠나라!"라는 블룸하르트 목사의 명령에 따라 어디론가 떠나갔고, 다시 고트리빈의 몸속으로 돌아오지 않았다. 아마도 일부 혼령들은 죽음 이후의 불안정하고 비정상적인 존재 상태에서도 자유 의지에 기초해 스스로 올바른 결정을 내렸을 가능성이 있다. 그렇게 하나님의 은혜로 죄 사함을 얻고 영의 몸을 이루어 부활의 세계로 건너갈 기회를 얻었으리라고 추정할 수도 있지만, 블룸하르트 목사는 영적 혼란을 초래할지도 모를 이런 식의 상상까지는 허락하지 않는다.

(2) 악령(Dämon): 블룸하르트 목사가 보고한 사건들에서 악령은 혼령과 명확하게 구별되지 않는다. 하지만 죽음 이후 평안을 누리지 못하는 혼령들이 지친 상태에서 쉼을 얻기 위해 마귀의 강압적인 요구에 굴복했을 때 악령으로 변한다는 암시가 있다. 더 높은 권세를 가진 악한 존재인 마귀들은 혼령들에게 살아 있는 인간들을 괴롭히고 해치고, 가난과 질병과 고통으로 내몰며 심지어 죽이기까지 하라고 요구한다. 이때 이러한 요구에 굴복하게 되면 혼령은 악령이 된다. 그래서 그것들은 괴롭힘을 당하는 인간들에게는 본질상 악한 일만 저지르는 영으로 보인다. 마귀가 혼령들에게 이런 요구를 하는 까닭

은 무엇일까? 블룸하르트 목사의 보고서에 따르면, 그 이유는 세상 안에서 하나님 나라와 사탄의 나라가 서로 대립하고 있기 때문이다. 사탄의 나라는 본래 현실 세계로 들어올 수 없는 허상 세계지만, 현실 속에 몰래 침입해 인간 세상을 교묘하게 점령하고 있다. 침입의 통로는 죄를 범해 하나님에게서 돌아선 악인들의 영혼이다. 사탄의 나라에 봉사하는 마귀는 살아 있는 인간들의 영혼을 점령해서 가난과 고통과 질병으로 내몰 계획을 세운다. 그리고 혼령들에게 이 계획을 실행하라는 명령을 내린다. 이렇게 해서 악해진 혼령들에게 시달리며 고통을 겪게 된 일부 인간들은 결국 마귀에게 충성하기로 서약하고 피를 흘려 각서를 쓰며, 세상을 지배하는 사탄의 나라를 확장하는 일을 떠맡기 시작한다. 블룸하르트 목사의 용어 사용에서 혼령과 악령 사이의 경계가 뚜렷하지 않은 것은 둘을 구분하기가 그만큼 어렵고 모호하기 때문이라고 생각된다. 고트리빈의 몸을 통해 나타난 악령들과 대화를 나누는 가운데 블룸하르트 목사가 얻은 영적 지식에 따르면 악령은 언제든 회개하고 혼령으로 돌아올 수 있다. 하지만 동시에 반대로 혼령은 언제든 인간을 괴롭히고 저주하는 마귀의 편에 서려는 잘못된 결정을 내려 악령으로 변질될 수 있다.

(3) 마귀(Teufel): 혼령이나 악령과 달리 마귀는 죽은 인간

의 영혼에서 비롯된 존재가 아닌 것으로 보인다. 마귀는 자신이 혼령이나 악령들보다 더 높은 지위에 있고, 그것들을 노예처럼 부리는 우두머리라고 자신을 소개한다. 마귀는 미혹된 인간들의 영혼을 통로로 삼아 하나님의 창조 세계 안으로 침입하고, 가상의 왕국을 건설하며 마 4:8-9 참조 그 안에서 본질상 허상에 불과한 '무無'로서 존재한다. 그러나 많은 경우 사람들은 참현실인 하나님 나라를 알아채지 못하고 탐욕과 두려움에 쫓겨 허상인 가상현실 속에 갇혀 살아가는데, 이들에게는 허무한 마귀의 존재가 마치 현실적인 실체처럼 느껴진다. 알곡과 쭉정이가 겉모양으로 쉽게 구별되지 않는 것처럼, 창조된 참된 현실과 마귀들이 몰래 덮어씌워 중첩된 가상현실도 쉽게 구별되지 않는다. 그래서 미혹된 인간들은 하나님 나라가 아니라 마귀들이 세운 가상현실 속에서 살아가며, 그것이 죽음으로 끝나는 허상임을 깨닫지 못한다. 가상현실 속에서 마귀들은 마치 세상을 다스리는 실체인 양 활동하며(예: 맘몬), 그것들만의 왕국을 세운다. 블룸하르트 목사가 경험한 마지막 사건에서 "예수는 승리자시다!"라고 울부짖으며 축출된 것은 바로 그런 마귀였다. 이것들에게는 회개할 기회가 없고, 화산과 용암 분출의 광경으로 묘사되는 지옥의 심연으로 추락할 운명이 기다리고 있을 뿐이다. 이것들에게 피로 서약하고 충성했던 악령들도 같은 운명을 맞는다.

역자 해제

(4) 사탄: 악령들과 마귀들이 모인 공동체도 왕국 체제를 이루고 있고, 그곳에도 나름대로 질서가 있다. 이 왕국의 최고 우두머리가 사탄으로 불린다. 사탄은 인간의 상상력을 넘어서는 어두운 신적 속성을 지니고 있어 무어라 설명하기 어렵다. 성경에서 알 수 있는 바에 따르면 사탄은 하나님께 거역하고 훼방하는 자이지만, 마지막에는 하나님의 뜻에 굴복하고 하나님께 봉사하는 일을 하게 된다(이는 흡사 이레네우스의 총괄갱신론 같은 주장이나 우리는 이 역시 성경에 기초해 판단해야 한다).

물리법칙을 넘어서는 초현실적 기적들

부활하신 예수께서 40일 동안 갈릴리와 예루살렘의 여러 곳에 나타나신 사건은 지금까지 알려진 모든 물리법칙을 넘어서는 초현실 사건이다. 자주 인용되는 "문들이 닫혔는데도 들어오셨다"요 20:26라는 구절은 특별히 그 사건의 초현실성을 의도적으로 암시한다. 육신의 죽음 이후 영의 몸으로 부활하신 예수께서 아직 육체로 살아 있는 제자들 앞에 나타나신 일은 인류가 지금까지 알던 그 어떤 일보다 더 큰 기적이며, 과학의 모든 물리법칙을 초월하는 사건이다. 그 이전 지상 생애에서도 이미 예수께서는 많은 이적을 베푸셨는데, 그 역시 초현실적인 사건들이었다. 오병이어五餠二漁 사건을 예로 들 수 있다. 적은 양의 생선과 떡이 어떻게 많은 군중이 배불리 먹고도 남을 수 있는 엄청난 양으로 복제될 수 있었는지, 현재 인류는 설명할 길이 없다. 그래서 4복음서 모두에 기록된 잘 알려진 이 사건을 고대 신화나 문학적 창작으로 간주하고, 초현실적 기적의 발생 가능성 자체를 부정하는 사람들도 많다.

블룸하르트 목사가 경험한 사건들에서도 물리법칙을 초월하는 초현실적 기적이 여러 번 나온다. 그러나 예수님의 기적이 생명을 살리고 영원한 세계를 알게 하려는 것인 반면에, 악령들이 마법으로 고트리빈의 몸에 일으킨 해로운 기적은 고통을 주고 그녀를 죽이려 한다는 점에서 정반대 방향을 가리킨다. 마법으로 인해 철 저금통, 철사 줄, 뜨개질바늘 등이 당사자인 고트리빈이 알지 못하는 사이에 그녀의 몸속에 들어가 큰 고통을 주고, 그다음 스스로 움직여 피부를 뚫고 나오는 초현실적 사건들을 블룸하르트 목사는 직접 목격했다. 그런 극한 상황을 오직 기도로 이겨 내어 진정시킨 후 잠시 숨을 돌리면서 블룸하르트 목사는 도대체 이런 일이 어떻게 물리학적으로 가능한지를 스스로 묻고, 그 시대에 제한적으로 알려져 있던 원자물리학 지식에 기초해서 나름대로 설명을 시도해 본다. 즉 바늘과 철사 등의 물체가 악령이 부린 마법에 따라 아원자亞原子 상태로 분해되어 고트리빈의 몸속에 주입된 후, 그녀의 몸속에서 다시 원래 형태의 원자 상태로 결합하는 것이 아닐까 하고 추측해 본다. 만약 블룸하르트 목사가 물질의 아원자적 근원이 '입자인 동시에 파동'이라는 현대 물리학의 기초 상식을 알았더라면, 파동 형태로 고트리빈의 몸속에 들어가 다시 입자 형태로 변환한 것이라고 설명했을 법하다. 이런 설명은 '순간이동'을 묘사하는 SF 영화에 익숙한 소재다.

신약성경 안에 예수께서 베푸신 구원의 기적들이 가득한 것과는 대조적으로, 블룸하르트 목사가 겪은 사건들 속에는 사람을 피투성이로 만들고 고문하며 죽이려는 혐오스러운 기적들이 많이 나온다. 그러나 양쪽 모두가 초현실적 사건임은 분명하다. 예수께서 지상 생애에서 베푸신 기적과 그중에서도 가장 큰 기적인 '부활 후 나타나심'이 지금 이 인간 세상에서 가능했다면, 블룸하르트 목사가 경험하고 보고한 사건같이 악령들이 마법으로 일으킨 기적이 본질상 불가능하라는 법도 없다. 오히려 개신교신학은 실제로 발생했다는 믿음을 요청하는 이러한 기적 사건들에 비추어 현시대의 제약된 세계관을 변경시켜 가야 할 것이다.

세계사적인 전망: 작지만 큰 사건

예수 그리스도의 메시아 사역과 십자가 죽음과 부활 사건은 로마에 투항했던 당대의 유대인 역사가 요세푸스의 책 속에 스쳐 지나가듯 짧게 언급되어 있다. 로마 제국을 세계의 중심으로 보았던 당시 세계사의 관점에서 예수님의 초현실적 이적들과 부활 사건은 잠깐 언급하고 그칠 만한 작은 일이었다. 그러나 죽음 이후에 관한 깨달음을 얻은 믿음의 눈에는 바로 그 사건이 구속사의 중심이며, 더 나아가 세계사의 종말을 선취하면서 세계 자체를 변혁시키는 거대한 사건이다. 예수 부활은 세상의 눈에는 작게 보이지만 실상 세계사를 포괄하는 동시에 그것을 초월하는 사건인 것이다.

독일 내에서도 그다지 관심의 대상이 아닌 작은 마을 뫼틀링엔에서 일어난 이 이상한 사건은 21세기 일반적인 세계사의 관점에서는 크게 주목할 가치가 없다고 생각될 수도 있다. 그러나 고트리빈에게 빙의한 죽은 여성의 혼령은 블룸하르트 목사에게 이렇게 말해 주었다. 부활하신 예수님을 향한 쉬지 않는 기도를 공격 무기로 삼아 벌이는 그의 투쟁은 악령들과 마귀들이 거주하는 영적 세계 전체를 뒤흔들며 큰 변화를 주고 있다고 말이다. 그렇다면 블룸하르트 목사는 독일의 작은 마을에 거주하던 가련한 한 여성의 혼령만 상대한 것이 아니었다. 고트리빈의 몸을 점거해 나타난 그 혼령의 말에 따르면, 그때 그 장소에 출몰하는 몇몇 악령들을 축출하려는 블룸하르트 목사의 기도 때문에 악령의 세계 전체가 격분하고 충격에 휩싸였고, 그들 전부가 멸망의 위기를 느끼고 떨며 두려워하고 있었다. 어떻게 그럴 수 있을까? 블룸하르트 목사는 자신의 귀로 직접 들은 그 혼령의 진술을 참고해서 현대 과학의 물질 세계관과 달리 영들이 거주하는 영계靈界는 전체 세계 안의 모든 부분이 서로 밀접하게 연관되어 있다고 설명한다. 물질세계에서는 모든 부분이 서로 분리되고 고립되어 있어, 작은 규모의 물체나 사건은 전체에 거의 영향을 주지 못한다. 그러나 영들의 세계에서는 전체 안의 모든 개별자들이 서로 긴밀히 연결되어 있어 아무리 보잘것없는 작은 혼령에 대한 공격이라도 그 세계 전체가 영향을 받고 충격을 느낀다는 것이다.

21세기 양자 물리학은 부분과 전체가 전일적全一的, wholistic 관계를 이루는 유기적 세계관을 확인해 주었다. 거시 세계에서는 모든 부분이 서로 무관하게 분리되어 있는 것처럼 보이지만, 아원자적 상태에서는 우주의 모든 부분이 서로 유기적으로 밀접하게 연결되어 있다는 것이다. 현대 과학이 발견한 이러한 새로운 세계관이 거의 200년 전 블룸하르트 목사의 투쟁 이야기 속에 등장한다는 사실은 흥미롭다.

예수 그리스도의 부활이 세계사를 변혁시키는 사건으로 확대되는 과정을 살펴보면 유기적 세계관은 더욱 분명해진다. 부활 사건은 일반 세계사 속에서 매우 작은 사건처럼 보였지만, 이 세대의 인간 세상은 물론 '하늘'까지 포함한 창조 세계 전체의 변혁을 이끌고 종말을 앞당기는 사건이었다. 현대의 물질주의 세계관과 달리, 실제 창조 세계 안에서 일어나는 성령의 사건들에서 부분과 전체는 분리되어 있지 않고 각각의 모든 부분 안에 전체가 함축되어 서로 연관이 있다.엡 2:21-22 참조 그러므로 일반 상식의 관점이나 지난 시대의 세계관에 기초해서 블룸하르트 목사가 겪은 영적 사건을 '작은 일'로 여겨서는 안 될 것이다. 아리마대 사람 요셉 소유의 돌무덤에서 일어난 예수 그리스도의 부활 사건이 세계사의 종말을 선취했다고 이해하는 것처럼, 블룸하르트 목사가 경험한 사건들도 겉으로는 사소해 보이지만 악령들의 세계 전체에 "예수는 승리자시다!"라는 외침을 전파한 놀라운 사건일 수 있다. 이처럼 작아 보이지만 큰 잠재력을 가지고 있고, 보잘것없어 보이지만 개신교적 세계관 자체의 변혁을 요청하는 단서들이 그의 투쟁 이야기 속에 담겨 있다.

세계관 변혁의 방향

개신교신학이 뫼틀링엔에서 일어난 이 사건을 (부분적으로라도) 사실로 받아들인다면, 미래의 신학은 현 세계관에서 어떤 부분을 수정할 수 있을까? 근대 이후 개신교신학은 유물론적 무신론에 기초한 자연과학의 세계관에 밀려 종말과 죽음 이후에 대해 바른 목소리를 내기 어려웠다. 『교회교의학 Ⅲ/3』에서 칼 바르트는 땅의 세계와 구분되는 하늘이라는 초월적 우주에 대해 서술했지만, 자연과학적 세계관의 영향을 받고 있었던 대부분의 개신교신학자들은 크게 주목하지 않았다. 그러나 예수 그리스도의 부활과 승천 사건은 땅의 물질세계와 구별되는 세계인 하늘의 존재를 가르쳐 준다. 블룸하르트 목사가 겪은 그늘지고 어두운 사건들도 죽음 이후의 영의 몸을 이루지 못해 하늘로 올라가지 못한 혼령들이 머무는 차원을 드러냄으로써, 간접적으로 하늘에 대해 증언한다. 근현대의 신학이 지금까지 하늘 우주와 인간의 죽음 이후에 관해 침묵하는 현세 중심의 세계관을 전개했다면, 향후 개신교신학은 부활의 계시와 블룸하르트 사건 등을 토대로 삼아 '하늘–땅–지하세계'라는 고대의 3층 세계관을 신중하게 재고하고 현실적으로 인정해야 할 것이다. 3층 세계관은 성경이 가르쳐 주는 것이고, 예수 그리스도의 부활과 승천을 믿는다면 반드시 전제해야 할 기독교 세계관이다. 하늘과 죽음 이후의 세계를 포함하는 성경적 세계관을 새로운 개신교신학의 중심으로 삼는다면, 20세기 신학의 난제였던 신정론神正論의 문제도 해결될 수 있다. 이 세상에서 겪는 이유 없는 고통들과 일견 무의미해 보이는 희생들에 대한 하나님의 깊으신 뜻과 계획의 실마리를 알 수 있다. 현시대의 유물론적 가치관 안에서 이 문제는 답이 없는 수수께끼일 수밖에 없고, 많은 경우 허무주의와 무신론으로 귀결되기도 한다.

블룸하르트 목사가 겪은 사건들은 3층 세계 가운데 성경이 '음부'陰府(저승)라고 묘사하는 '지하 세계'를 드러낸다. 여기서 주의해야 할 점은 하늘과 지하 세계는 지금 이 세상에서 '있다 또는 없다'라고 말하는 존재 개념으로 표현할 수 없다는 것이다. 하늘과 지하 세계는 물질세계와는 차원이 다른 초현실 세계이며, 그곳에서는 개별적인 '창조' 행위가 일어난다고 생각된다. 자기가 거주하는 세계를 각자 부분적으로 창조하는 것이다(이 부분도 C. S. 루이스의 소설 『천국과 지옥의 이혼』에서 생생한 그림을 발견할 수 있다). 이것이 하나님의 자녀가 되어 신성의 일부를 지니게 될 죽음 이후 존재들이 살아가는 방식일 것이다.요 15:7 참조 이생에서 믿음과 기도의 삶을 통해 배우고 익힌 창조 능력에 따라 죽음 이후 존재들이 선한 몸과 세계를 창조할 경우, 그들의 개별 세계들은 자연스럽게 유기적으로 결합

되어 하늘이라는 초현실적 우주를 이루게 된다. 그러나 땅에서 약탈과 악행을 저지르는 습성을 회개하지 못한 채 죽음을 맞이한 영혼들은 죽음 이후의 세계에서 스스로 어둡고 뒤엉킨 주변 환경을 조성한다. 그렇게 부정적으로 창조된 개별적인 허상 세계들은 본질상 선한 하늘 우주와 결합될 수 없어 배척된다. 블룸하르트 목사에게 들려준 악령들의 진술로 유추해 볼 때, 영의 몸을 가지지 못한 악한 영들은 하늘과 땅의 경계선 부근 어딘가에서 허무를 근원으로 삼는 비루한 가상세계를 이룬 채 최후의 심판을 기다리는 것으로 여겨진다. 이곳을 3층 세계 가운데 지하 세계라고 부를 수 있을 것이다.

마지막으로 주의해야 할 점: 주관적 확신은 충분하지 않다

악령들이 계획한 교묘한 마법에 고트리빈이 빠져들게 된 결정적인 계기는 '밀가루 사건'이었다. 악령들의 계획은 사람들을 미혹에 빠뜨려 가난과 궁핍으로 내모는 것이고, 그때 '일용할 양식'이라는 유혹에 걸려든 피해자들은 하나님을 떠나 사탄에게 굴복하게 된다. 여기서 이 사건들을 대하는 그리스도인들이 특히 눈여겨보아야 할 점은 악령들의 수법에는 성경 말씀을 그럴듯하게 인용해서 유혹하는 일도 있다는 사실이다.마 4:6 그러므로 그리스도인들은 성경 말씀이 마음에 감동을 주고 하나님께 대한 감사 기도가 우러나는 순간에도 혹시 내가 속고 있지 않은지를 두렵고 떨리는 마음으로 계속 검증해야 한다. 바로 그 순간에 악령들이 미혹하고 있을지도 모르기 때문이다. 즉 주관적 확신만으로는 악령의 교묘한 미혹을 이겨 내기에 충분하지 않다. 오히려 악령들이 가장 두려워했던 것은 바로 블룸하르트 목사의 '영원히 계속되는 그 빌어먹을 기도'였다. 참 그리스도인들은 "뱀같이 지혜롭게"마 6:16 그런 미혹을 분별해야 하며, 이미 서 있는 것처럼 자만하지 않고 블룸하르트 목사의 모범에 따라 '영원히 쉬지 않는 기도'로 마귀의 궤계에 대처해야 할 것이다.

부록

블룸하르트와 경건주의

요한 크리스토프 블룸하르트 목사는 슈바벤 지역에 뿌리박은 경건주의 영향을 강하게 받았다. 독일의 경건주의는 북부를 중심으로 하는 독일 경건주의와 남부를 거점으로 삼은 슈바벤 경건주의로 나뉜다(전자의 대표로는 필립 야콥 슈페너를 들 수 있고, 후자의 대표로는 요한 알브레하트 벵겔을 들 수 있다). 블룸하르트는 명백하게 슈바벤 경건주의 후예다.

그는 어릴 적부터 경건주의자들의 모임에 참석했고, 또한 (그 모임의 일원이기도 한) 삼촌 칼 프리드리히 블룸하르트를 통해 신앙적으로 양육받았다. 또한 청소년 시절에 쇤탈수도원 부설 신학교에서 빌헬름 호프만을 만나 친구가 되었는데, 그를 통해 빌헬름의 아버지가 이끄는 코른탈 형제단의 영향을 받고, 호프만 가족의 일원으로 받아들여졌다.

요한 알브레히트 벵겔
Johann Albrecht Bengel

청년 블룸하르트는 튀빙겐 대학교에 진학해 철학과 신학을 성실하게 공부하며 지성을 연마했다. 그러나 그가 가장 관심을 기울인 것은 바로 루터 저작 탐독이었다. 또한 성경공부를 위해 모이는 경건주의 모임에 참석해 은혜를 받았다. 그는 평생 경건주의의 거룩한 영향력을 벗어나지 않았다.

블룸하르트의 성경 이해

경건주의는 성경 공부와 경건 모임을 매우 강조한다. 경건주의의 태두인 필립 야콥 슈페너가 『경건한 열망』에서 누차 반복하여 강조한 것처럼 목회자들, 목회자와 성도들, 교수와 신학생들 등 다양한 방식으로 소그룹을 만들어 경건을 위한 성경 공부에 헌신할 것을 촉구하였다. 그러니까 얼어붙은 성경 지식의 축적이 아니라 살아 있는 영적 생명의 성장을 목적으로 하는 것이다. 경건주의의 굳건한 영향 속에서 블룸하르트는 네다섯 살 때부터 성경을 탐독하기 시작했다. 열두 살이 되기 전에 이미 두 번이나 성경 전체를 통독하기에 이르렀고, 열네 살 무렵에는 오로지 성경만 읽었다고 공언할 정도였다.

요한 크리스토프 블룸하르트
Johann Christoph Blumhardt

블룸하르트는 성경의 낯설고 놀라운 세계 속에서 살았다. 따라서 그는 성경과 그 안에 기록된 내용의 실재성을 확신했다. 한갓 종교적인 이야기책이나 신화 정도로 여기지 않았다. 그는 성경이 말하는 하나님의 말씀하심과 초자연적 기적을 의심하지 않았다. 그랬기에 뫼틀링엔 교회에서 초자연적 사건을 접하게 되었을 때도 이를 자연스럽게 받아들였다. 오늘도 여전히 기적으로 역사하시는 하나님을 그는 일평생 신뢰했다. 계몽주의의 영향 아래에 있던 당시 독일의 상황을 고려한다면 특별히 눈여겨볼 만하다.

블룸하르트와 영적 투쟁

블룸하르트는 고트리빈 디투스로부터 무려 1년 반에 걸쳐 귀신을 내쫓았다. 이 승리는 그 지역의 영적 부흥을 위한 기폭제가 되었다. 뫼틀링엔 교회를 중심으로 치유의 기적과 윤리적 각성이 일어났고, 먼 지역에서도 사람들이 찾아와 교회를 채웠다. 여기서 시작된 교회 갱신운동은 독일 남부 지역으로 확산되었다.

고트리빈 디투스의 문제를 해결한 후 블룸하르트는 신유와 축사 사역자로 거듭났고, 이는 끝내 뷔르템베르크 종교국과 갈등을 빚는 결과를 낳았다. 처음에 종교국은 그의 사역을 호의적으로 대했으나 이후 질병 치료는 의사에 맡기라 권고했고 점차 기도로 치유하는 행위를 금지했다. 블룸하르트는 종교국의 통제에 따르고자 했으나, 그의 치유 사역을 기대하며 몰려드는 수많은 이들을 외면할 수 없었다. 마침내 그는 14년간 목양한 뫼틀링엔 교회의 목사직을 포기하고 바트 볼의 요양소를 구입해 새로운 사역의 거점으로 삼았다. 이후 28년에 걸쳐 전통적인 목회 사역 대신 치유 사역에 전념하였다.

고트리빈 디투스의 초상

악령 사건이 벌어진 뫼틀링엔의 전경

아들 블룸하르트

크리스토프 프리드리히 블룸하르트 목사(1842-1919), 즉 아들 블룸하르트는 아버지의 신유 사역을 계승했다. 마치 엘리사가 엘리야의 능력과 사명을 이어받듯 아들 블룸하르트 또한 아버지 블룸하르트의 신유 은사와 사역을 그대로 이어받은 것이다. 하지만 그는 여기서 더 나아가 바로 지금 여기에 임하는 하나님 나라를 강조했다. 결국 그는 정치 영역에까지 관심을 기울이게 되었다. 1899년 독일 사회민주당에 들어가고, 이듬해 주의회의원이 되었다. 이러한 선택으로 인해 교회에서 파문되었으나 그는 이를 해방으로 여겼다. 그러나 의원으로서의 임기를 마치고 그는 다시 바트 볼로 돌아왔다.

결국 아들 블룸하르트는 교회와 세상 모두에게 낯선 존재가 되었다. 하지만 오히려 그렇기 때문에 더욱 20세기 교회에 지대한 영향을 끼쳤다. 사회 변혁에 관심을 두었던 종교사회주의Religiöser Sozialismus와 절대 타자인 신과 인간의 근본적 단절을 강조하는 변증법 신학Dialektische Theologie이 모두 그에게서 영감을 얻었다. 하나님 나라 확장에 대한 아버지의 믿음과 헌신이 아들 블룸하르트를 통해 현대 교회의 신학적 이론과 사회적 실천 속에서 풍성한 결실을 거뒀다고 해도 과언이 아닐 것이다.

크리스토프 프리드리히 블룸하르트 Christoph Friedrich Blumhardt

Die Krankheitsgeschichte der Gottliebin Dittus
예수는 승리자시다

1쇄 인쇄 2022년 1월 11일
1쇄 발행 2022년 1월 31일

지은이 요한 크리스토프 블룸하르트
옮긴이 신준호

펴낸이 한정숙
펴낸곳 선한청지기
등 록 제313-2003-000358호
주 소 서울특별시 마포구 동교로12길 41-13(서교동)
전 화 02)322-2434 (대표)
팩 스 02)322-2083
SNS https://www.facebook.com/sunhanpub
이메일 kukminpub@hanmail.net

기독교 총판 생명의 말씀사

ⓒ 선한청지기, 2022

ISBN 979-11-87022-43-5 04230
ISBN 979-11-87022-26-8 (세트)

※ 이 책은 저작권법에 따라 보호받는 저작물이므로 무단전재와 무단복제를 금지하며,
  이 책의 전부 또는 일부를 이용하려면 국민출판사(선한청지기)의 서면 동의를 받아야 합니다.
※ 잘못된 책은 구입한 서점에서 교환하여 드립니다.